କୁସୁମ

ବ୍ୟବସ୍ଥାର ଅବ୍ୟବସ୍ଥାରେ ଆଦିବାସୀ

ଡ଼. ଅନ୍ତର୍ଜିତା ନାୟକ

ଅନ୍ତର୍ଜିତା ନାୟକ

ଆଦିବାସୀ ବ୍ୟଥାର ଗାଥା...

ନିରୀହ ମୁହିଁ ଆଦିବାସୀ, ସରଳ ମୋର ଚିନ୍ତା,
ବଣପାହାଡ଼, ଜଙ୍ଗଲେ ବାସ, ଏଇ ମୋ ନିଉତି କଥା ।

ଅପାଠୁଆ ମୁଁ ପାଇନି ଯାହା, ଛୁଆଙ୍କୁ ମୋର ଦେବି,
ସହି କଷଣ ପଢ଼ାଇ ପାଠ ମଣିଷ କରାଇବି ।

ପୁଅ ଓ ଝିଅ ଆମ ସମାଜେ ସତରେ କେତେ ଭିନ୍ନ,
ପୁଅଙ୍କୁ ଏଠି ମିଳେ ସୁବିଧା, ଝିଅ ହୁଅଇ ନ୍ୟୁନ ।

ବଡ଼ ପାଠୁଆ, ବଡ଼ ବଡ଼ୁଆ ଆର୍ଥିକ ସ୍ୱଚ୍ଛଳ ବର୍ଗ,
ସରକାରୀ ଯୋଜନା ଖା'ନ୍ତି ଲୁଟି, ଚାକିରୀ ତାଙ୍କର ସ୍ୱର୍ଗ ।

କାହାଣୀ ଏଠି ବଖାଣେ ମୁହିଁ, ବେଦନା ଯନ୍ତ୍ରଣା ଭରା,
ଏଇ ସମାଜେ ଏତେ ପାର୍ଥକ୍ୟ, ଅସହାୟ ଆଦିବାସୀ ପୁରା ।

ଆଦିବାସୀ ମୁଁ, ନାମ ମହୁଲ, ଦୁଙ୍ଗୁରୁ ମୋର ବର,
କୁସୁମ, ଲତା, ବଡ ସାନ ହୋଇ ଦୁଇଟି ଝିଅ ମୋର ।

ପୁଅ ନାହିଁ ବୋଲି ଜାତି କୁଟୁମ୍ବ, କରିଦେଲେ ମୋତେ ପର,
କହିଲ ଦେଖୁ ଏ ଭେଦଭାବ କେତେଦୂର ସୁବିଚାର ।

କୁସୁମ କୁ ଆମ ଇଂଗିଲିଶୀ ପଢ଼ାଇ ଉଚ୍ଚଶିକ୍ଷିତା କରିବୁ ବୋଲି,
ପିତାମାତା ଭାବେ ବହୁ ଚେଷ୍ଟା କରି ଅସଫଳ ହେଲୁ ଖାଲି ।

ଭାବି ପାରେନା ସରକାରୀ ଯୋଜନା ଆମ ପାଇଁ କେତେ ସାହା,
ମୋ ପରି ଅଭାବୀ ନିତି ହୁଅନ୍ତି ଲୁଟି, କେ ଦେବ ତାଙ୍କୁ ରାହା ।

ନିଷ୍ଠୁର ସମାଜ, ବର୍ବର ପ୍ରକୃତି, ମଣିଷ ପଣିଆ ନାହିଁ,
ଗରିବଙ୍କୁ ଲୁଟି ତିରସ୍କାର କରି, ଆରାମ କମେଇ ପାଇଁ ।

ବାଟମାରଣାଙ୍କ ଅଭାବ ନାହିଁ ତଳୁ ଉପର ଯାଏଁ,
ଖଟିଖୁଆ ଦୁଙ୍ଗୁରୁ ଲୋକଟି ଏଠି କେତେ ଯେ ନେହୁରା ହୁଏ ।

ଶିକ୍ଷା ସଚେତନତା, ଗୁଣାୟକ ଶିକ୍ଷା ଖାଲି ପ୍ରଚାର ପ୍ରସାର,
କୁସୁମ ପରି ଝିଅଙ୍କୁ ସାହାଯ୍ୟ ପାଇଁ, ନୁହେଁ କେହି ଆଗଭର ।

ଅର୍ଥଲୋଭୀ, ସ୍ୱାର୍ଥନ୍ୱେଷୀ ଏ ସମାଜ ପାତର ଅନ୍ତର ଭରା,
ଧନୀ ପାଏ ଧନ, ନିର୍ଦ୍ଧନ ମୁହିଁ, ଶୋଷଣ ଜଗତ ସାରା ।

ହାତଗୁଞ୍ଜା ଦେଇ, ଲାଞ୍ଛନା ପାଇ ସର୍ବସ୍ୱାନ୍ତ ତୁଙ୍ଗୁରୁ ବିଚରା,
କହିବ କାହାକୁ, କେ ବୁଝିବ ଦୁଃଖ, ଲୁଟିଆ ସଂସାର ସାରା ।

ପିଅନଠୁ ଧରି ସ୍ୱାସ୍ଥ୍ୟ ଅଧିକାରୀ ସଭିଏଁ କରି ଚକ୍ରାନ୍ତ,
ଧମକ ଦିଅନ୍ତି, କୂକଥା କୁହନ୍ତି, ନିରୀହ ହୁଏ ଅନାଥ ।

ବିଷଭରା ଏଇ ଦୁନିଆରେ କିନ୍ତୁ ଅମୃତ ଧାରା ବହେ,
ଦାନବ ଭିତରେ ସୁମାନବ ହୋଇ ସହଯୋଗୀଟିଏ ଥାଏ ।

କୁସୁମର ପଢ଼ା ଖରଚ ବାବଦେ କେହି ଜଣେ ହୁଏ ସାହା,
ପଇଠ କରନ୍ତି ଇଂଗିଲିଶି ସ୍କୁଲରେ ଦାଖିଲା ଖର୍ଚ ଯାହା ।

ଶିକ୍ଷା, ସ୍ୱାସ୍ଥ୍ୟ ତଥା ଜାତିର ମାନ ମିଳୁ ମୌଳିକ ସୁବିଧା,
ସମସ୍ତଙ୍କ କ୍ଷେତ୍ରେ ସମାନ ବିଚାର, ହେଉ ସ୍ୱତନ୍ତ୍ର ବ୍ୟବସ୍ଥା ।

କୁସୁମ ପରି ଝିଅର କଥା, ଆତ୍ମନିର୍ଭର ପଥେ ପ୍ରେରଣା,
ନୁହେଁ ଏହା ଗପ, ସତକଥା ଜାଣନ୍ତୁ ସଭିଏଁ ଅଜଣା ।

ଶକ୍ତ ହେଉ ଶାସନ କଳ, ଲୁଟିଆଙ୍କୁ ମିଳୁ ଶାସ୍ତି,
ସମାଜ ପାଇଁ ମଙ୍ଗଳ ହେଉ ନିରୀହ ପା'ନ୍ତୁ ମୁକ୍ତି ।

ମହୁଲ ମୁହଁରୁ ଦି' ପଦ...

ଏହି ବହିଟିର ସମସ୍ତ ପାଠକଙ୍କୁ ମୋର ଜୁହାର! ମୁଁ ମହୁଲ, ଦୁଇଟି ଝିଅ- କୁସୁମ ଓ ଲତା ର ମା' ଓ ଡୁଙ୍ଗୁରୁ ର ସ୍ତ୍ରୀ । ମୁଁ ଗରିବ ଆଦିବାସୀ, ଅଳ୍ପ ପାଠୁଆ ବା ଅପାଠୁଆ କହିଲେ ଚଳିବ । ଏହା ହିଁ ମୋର ପରିଚୟ । ପାଠ ପଢ଼ା, ବହି ଖାତା, ସ୍କୁଲ୍ ଓ ଶିକ୍ଷା କହିଲେ ମୁଁ ବହୁତ କମ ଜାଣେ । ପିଲା ବେଳେ, ଯାହା ଯେତିକି ଅ, ଆ, ୧, ୨, ଶିଖିଥିଲି, ସେତିକିରେ ରହିଗଲି । କେବଳ ଅକ୍ଷର ଚିହ୍ନିବା, କିଛିଟା ବାକ୍ୟ ଲେଖିବା-ପଢ଼ିବା ଓ ସାମାନ୍ୟ ହିସାବ କରିବାରେ ମୋ ଶିକ୍ଷା ସରିଗଲା । ଦସ୍ତଖତ କରିବା ହିଁ ମୋର ଶିକ୍ଷାଗତ ଯୋଗ୍ୟତା । ବହିଟିକୁ ପଢ଼ି, ବହି ବାବଦରେ କିଛି କହିବାକୁ, ବହିଟିର ଲେଖିକା ମୋତେ ଅନୁରୋଧ କରିଥିଲେ । ହେଲେ ସେଇ ପଢ଼ା - ପଢ଼ି, ଲେଖା - ଲେଖି କାମ ମୋ ଦ୍ୱାରା ହୋଇ ପାରିବ ନାହିଁ ବୋଲି କହିବାରୁ, ବହିର ଲେଖିକା, ବହି ବାବଦରେ କିଛି ନିଜସ୍ୱ ମତ ରଖିବାକୁ ଅନୁରୋଧ କରିଥିଲେ । ମୁଁ ଜାଣିଥିଲି ଯେ ଏହି ବହିଟି ମୋର ଦୁଃଖ, ଯନ୍ତ୍ରଣା, ଓ ପରବର୍ତ୍ତୀ ସମୟରେ ମିଳିଥିବା ସାହାଯ୍ୟ ଉପରେ ଆଧାରିତ । ତଥାପି, ମୁଁ ବହିର କିଛି ପୃଷ୍ଠା ଓଲଟାଇ ଥିଲି, ଓ ମୋର ଓ ମୋ ପରିବାର ସାଙ୍ଗରେ ଘଟିଥିବା ଘଟଣାକୁ

କେନ୍ଦ୍ର କରି, ବହି ବାବଦରେ ମୋର ମତ ରଖିଥିଲି । ବହି ବିଷୟରେ ବା ବହିରେ ଥିବା ଘଟଣାବଳୀକୁ ନେଇ ମୋର ମତ ଓ ମନ୍ତବ୍ୟ କାଳେ ବହିର ପ୍ରାରମ୍ଭରେ ସ୍ଥାନ ପାଇବ ଜାଣି, ମୁଁ ଅପାଠୁଆ ଧନ୍ୟ ହୋଇଗଲି । କାହିଁ କେତେ ପାଠୁଆ, ନାମୀ, ଦାମୀ, ଗୁଣୀ, ଜ୍ଞାନୀ ବ୍ୟକ୍ତି ଥାଉ ଥାଉ, ମୁଁ ସାମାନ୍ୟ ଆଦିବାସୀ ଅପାଠୁଆର ମତ ଉପରେ ବହିଟି ନିର୍ଭର କରିବ ବୋଲି ଜାଣି ଯେତିକି ଖୁସି ଲାଗୁଥିଲା ସେତିକି ଛାନିଆ ମଧ୍ୟ ଲାଗୁଥିଲା । ହେଲେ ମୋର ବିଶ୍ୱାସ ଯେ ବହି ବିଷୟରେ ବଖାଣିଥିବା ମୋର ଭାବକୁ ବହିର ଲେଖିକା ଏକ ସୁନ୍ଦର ରୂପ ଦେଇ, ମୋ ଜିହ୍ୱା ଜରିଆରେ ପ୍ରକାଶିତ ମୋ ମନର କଥା ଓ ବ୍ୟଥାକୁ ଶବ୍ଦର ସଂଯୋଜନାରେ ସମସ୍ତଙ୍କ ନିକଟରେ ପହଞ୍ଚାଇ ପାରିବେ ।

ଏହି ବହି ବିଷୟରେ ମୁଁ କ'ଣ କହିବି ଆଜ୍ଞା! ଏ ବହି କେବଳ ଶବ୍ଦଗୁଚ୍ଛ ଜଡିତ କିଛି ଗୁଡ଼ା କାଗଜର ସମାହାର ନୁହେଁ, ବରଂ ମୋର ଓ ମୋ ପରିବାର ସାଙ୍ଗରେ ଘଟିଥିବା ଘଟଣାର ଏକ ପ୍ରତିବିମ୍ବ । ଏହା କେବଳ ଏକ ବହି ନୁହେଁ, ଏହା ଗୋଟେ ଗରିବ ଆଦିବାସୀ ପରିବାର ଭୋଗିଥିବା ଯନ୍ତ୍ରଣା ଓ ବେଦନାର କରୁଣ କାହାଣୀ । ଏହି ବହିକୁ ପଢ଼ିବାରେ ମୋତେ ବହୁତ ଦିନ ଲାଗିଲା, କାରଣ ମୁଁ ଏତେ ଶୀଘ୍ର ଶୀଘ୍ର ପଢ଼ି ପାରେ ନାହିଁ, ଓ ତାହା ସହିତ ବାଧା ସାଜୁ ଥିଲା ମୋ ଆଖିର ଲୁହ ଯାହା ବହିର ପ୍ରତ୍ୟେକଟି

ଧାଡ଼ି ପଢ଼ି ଆପେ ଆପେ ବୋହି ଆସୁଥିଲେ । ହେଲେ ବହିଟି ଏତେ ସରଳ ଭାବରେ ଲେଖା ହୋଇଛି ଯେ, ଯାହାକୁ ବୁଝିବାରେ ଅସୁବିଧା ହୋଇ ନଥିଲା । ପ୍ରତ୍ୟେକ ପୃଷ୍ଠା ଓଲଟାଇବା ସାଙ୍ଗକୁ ସତେଜ ହୋଇ ଯାଉଥିଲା ସେଇ ଦୁଃଖ ଓ ଯନ୍ତ୍ରଣା । ଅନୁଭବ ହେଉଥିଲା ଯେ ସତରେ ଆମ ନିରୀହ ଓ ଅପାଠୁଆ ଆଦିବାସୀଙ୍କୁ ଠକିବା ଓ ହଇରାଣ କରିବା କେତେ ସହଜ! ତାହା ସହିତ ମୁଁ କୃତଜ୍ଞତା ଜଣାଉଛି ସେଇ ଦୁଃଖକୁ, ସେଇ ଯନ୍ତ୍ରଣାକୁ, ସେଇ ସମୟର ବିଡ଼ମ୍ବନାକୁ, ଯିଏ ଆହୁରି ସ୍ପଷ୍ଟ କରିଦେଲା ମୋର ଓ ମୋ ସ୍ୱାମୀର ଲକ୍ଷ୍ୟକୁ ଓ ଦୃଢ଼ କରାଇଦେଲା ଆମର ଚିନ୍ତାଧାରାକୁ ଯେ, ଝିଅମାନଙ୍କୁ ପାଠ ପଢ଼େଇବା କେତେ ଆବଶ୍ୟକ । ସମାଜରେ କିଛି ଅସାମାଜିକ ଲୋକଙ୍କୁ ଠିକ୍ ଭାବରେ ଜବାବ ଦେବାର ନିର୍ଦ୍ଦିଷ୍ଟ ବାଟ ହେଲା ଶିକ୍ଷା, ଯାହାଦ୍ୱାରା ଶୋଷଣ କରୁଥିବା ଶୋଷଣକାରୀଙ୍କୁ ମଧ୍ୟ ଦିଆଯାଇପାରିବ ଉଚିତ ଶିକ୍ଷା, ଯାହା ମୁଁ ଓ ମୋ ସ୍ୱାମୀ ଜାଣିପାରିଲୁ । ଭଲ କାମ ବା ଭଲ ଉଦ୍ଦେଶ୍ୟ ଲାଗି ବାଟ ଆପେ ଫିଟି ଯାଏ, ବା ସାହାଯ୍ୟ ଆପେ ମିଳିଯାଏ, ତାହାର ଜ୍ୱଳନ୍ତ ଉଦାହରଣ ହେଲେ ମାଡାମ୍ ଓ ସାର୍, ଯାହାଙ୍କ ବିଷୟରେ ସମସ୍ତେ ବହି ପଢ଼ିବା ସହିତ ଜାଣିବେ, ଓ ଯାହାଙ୍କୁ ହୃଦୟରୁ ମୁଁ

କୃତଜ୍ଞତା ଜଣାଉଛି   । ଆମ ଅସୁବିଧା ସମୟରେ ସେମାନେ ଆମର ଦଇବ ଦୂତ ସାଜିଥିଲେ ।

ମୁଁ ଏହି ବହି ବିଷୟରେ ଯେତେ ବେଶୀ କହିବାକୁ ଚାହୁଁଛି, ସେତେ ବେଶୀ ବେଶୀ ମୁଁ କହିପାରୁ ନାହିଁ । କାରଣ ମୁଁ ବହି ବିଷୟରେ ଯେତେ କହିବାକୁ ଚେଷ୍ଟା କରୁଛି, ସେତେ ମୁଁ କେବଳ ନିଜ ବିଷୟରେ ହିଁ କହି ପକାଉଛି । ଯେମିତି ଲାଗୁଛି ଏଇ ବହି ହେଉଛି 'ମୁଁ' ଓ ମୁଁ ହିଁ ଏହି 'ବହି' । ମୁଁ ତ ମୋ ଜୀବନରେ କେବେ ହେଲେ କୌଣସି ବହି ପଢ଼ି ନାହିଁ ଯେ କହି ପାରିବି ଏଇ ବହି ଭଲ ବା ସେଇ ଭଲ, ବା ବହି ବାବଦରେ ପ୍ରକୃତରେ କିଛି ମତ ରଖିପାରିବି । ହେଲେ, ଏହି ବହି ବିଷୟରେ କେବଳ ଏତିକି କହିବି ଯେ, "ଏହି ବହିଟି ସତ" । ସତ୍ୟତାର ପ୍ରତୀକ ହେଲା ଏହି ବହି । ବହିଟି କାହାରିକୁ ଭଲ ଲାଗି ପାରେ ବା କାହାରିକୁ ନ ଲାଗିପାରେ । ହେଲେ ସତ୍ୟ ସମସ୍ତଙ୍କ ଲାଗି ସମାନ । ଏହି ବହି ମୋ ଭଳି କେତେ ଆଦିବାସୀ ମା'ଙ୍କ ସ୍ଵର ବା ବେଦନା ହୋଇପାରେ, ଯାହାକୁ ଶୁଣିବା, ଜାଣିବା ଓ ହୃଦୟଙ୍ଗମ କରିବା ସମସ୍ତଙ୍କୁ ଦରକାର ବୋଲି ମୁଁ ଭାବୁଛି । ଏହି ବହି ଭିତରେ ଅନେକ ପ୍ରଶ୍ନର ଉତ୍ତର ରହିଛି ଯେମିତି, "ଆମେ ଆଦିବାସୀ କାହିଁକି ଉଚ୍ଚ ଶିକ୍ଷିତ ହୋଇପାରୁ ନାହୁଁ?", "ସରକାରଙ୍କ ସାହାଯ୍ୟ ଓ ସୁବିଧା ସବ୍ବେ ଆମ   ଆଦିବାସୀଙ୍କର କାହିଁକି ଅଭିବୃଦ୍ଧି

ହୋଇପାରୁ   ନାହିଁ ?", "ଆମ ଆଦିବାସୀ ପିଲାମାନେ ପାଠ ପଢ଼ା ଅଧାରୁ କାହିଁକି ଛାଡ଼ି ଦେଉଛନ୍ତି?", "ସରକାରଙ୍କ ନୀତି ଓ ଯୋଜନାରେ   ଆଦିବାସୀଙ୍କ   ସ୍ଥାନ କେଉଁଠି?", "ଆମ ଆଦିବାସୀଙ୍କ ଭାଗ କିଏ ମାରି ଖାଇ ନେଉଛି?" ଏହିଭଳି ଅନେକ ପ୍ରଶ୍ନ ଅଛି ଯାହାର କିଛି ଜବାବ ବହିରେ ଅଛି ଓ କିଛିର ଜବାବ ଏହି ବହି ମଧ ଖୋଜୁଛି ।

ଶେଷକୁ ଏତିକି କହିବି ଯେ, ଏହି ବହି ମୋତେ ବହି ପଢ଼ିବା ଶିଖାଇଦେଲା । ଏହି ବହି ମୋତେ ଅସୁବିଧା ସାଙ୍ଗରେ ଲଢ଼ିବା ଶିଖେଇ ଦେଲା । ଏହି ବହି ମୋତେ ସମାଜରେ ଥିବା ଭଦ୍ର ଚୋର ଓ ଲୁଟେରାଙ୍କୁ ଚିହ୍ନିବା ଶିଖାଇଦେଲା । ଏହି ବହି ମୋତେ ସାହସରେ ବଞ୍ଚିବା ଶିଖାଇ ଦେଲା । ଏହି ବହି ମୋତେ ଜୀବନର ଲକ୍ଷ୍ୟ ଦେଖାଇଦେଲା । ଏହି ବହି ମୋତେ ପ୍ରତିଶୃତି ଦେଇ ପାରିଲା ଯେ, ଆଦିବାସୀ ହେଲେ ବି ମୁଁ ଏକଲା ନୁହେଁ । ଏହି ବହି ମୋତେ ବିଶ୍ୱାସ କରାଇବା ଶିଖାଇଦେଲା ଯେ ସବୁର ଶେଷରେ ବିଶ୍ୱାସ ଅଛି ଓ ସେଇ ବିଶ୍ୱାସରେ ଭଗବାନ ଅଛନ୍ତି । ଯଦି କିଛି ମାନବରେ ଦାନବ ଅଛନ୍ତି, ତେବେ କିଛି ମାନବଙ୍କ ରୂପରେ ଭଗବାନ ମଧ ଅଛନ୍ତି, ଯିଏ ସର୍ବଦା ସତ୍ୟ, ନ୍ୟାୟ ଓ ସାହସ ସାଙ୍ଗରେ ଥା'ନ୍ତି । ଏହି ବହି ମୋତେ ପ୍ରତିଶୃତି ଦେବା ଶିଖାଇଦେଲା, ଯାହା ମୁଁ ମୋ ଝିଅ ମାନଙ୍କୁ ଉଚ୍ଚ ଶିକ୍ଷିତା ଓ

ସ୍ୱାବଲମ୍ବୀ କରାଇବି ବୋଲି ଦେଇ ପାରିଛି । ଏହି ବହି କେବଳ ବହି ନୁହେଁ, ବରଂ ଏକ ସ୍ୱର, ଏକ ବିରୋଧ, ଏକ ସମାଧାନ ଓ ଏକ ବିଶ୍ୱାସ ।

ଭଗବାନଙ୍କ ନିକଟରେ ଏତିକି ପ୍ରାର୍ଥନା କରୁଛି ଯେ ଏହି ବହି ମୋ ଭଳି ମହୁଲଙ୍କର କିଛି କାମରେ ଆସିପାରୁ, ସମାଜରେ କିଛି ସୁଧାର ଆଣିପାରୁ ଓ ସମସ୍ତଙ୍କ ହୃଦୟ ଜିଣି ପାରୁ ।

ଆଦିବାସୀ ଗରିବ ମା'

ମହୁଲ

(ଉକ୍ତ ପଂକ୍ତିଟି ମହୁଲ ଦେଇଥିବା ବକ୍ତବ୍ୟରୁ ଉଦ୍ଧୃତ)

କିଛି ବହି ବିଷୟରେ... ଲେଖିକାଙ୍କ କଲମରୁ

୨୦୨୩ ମସିହାରେ, ମୋର ଏକ ପ୍ରକଳ୍ପ କାମରେ ମୁଁ ଗୋଟିଏ ଆଦିବାସୀ ଗାଁକୁ ଯାଇଥାଏ । ବର୍ଷା ରୁତୁ ଥିବାରୁ ଚାରିଆଡେ କାଦୁଅ । ରାସ୍ତାରେ ଗଲା ବେଳେ ମୁଁ କିଛିଟା ପିଲାଙ୍କୁ ସ୍କୁଲ୍ ପୋଷାକ ପିନ୍ଧି କାଦୁଅରେ ଖେଳୁଥିବାର ଦେଖିଲି । ପିଲାମାନଙ୍କୁ ଦେଖି ଲାଗୁଥିଲା ଯେ ସେମାନେ ତୃତୀୟ କି ଚତୁର୍ଥ ଶ୍ରେଣୀରେ ପଢ଼ୁଥିବେ ବୋଲି । ସେଠି ଟିକିଏ ଅଟକି ଯାଇ ପଚାରିଲି, *"ପିଲାମାନେ ତୁମେ ଆଜି ସ୍କୁଲ୍ ଯାଇନ କି? କେଉଁ କ୍ଲାସ୍ ରେ ପଢ଼ୁଛ ତୁମେ?"* ମୋ ପ୍ରଶ୍ନରେ ଗୋଟିଏ ପିଲା ଉତ୍ତର ଦେଲା, *"ଯାଇଥିଲୁ! ବର୍ଷା ଯୋଗୁଁ ସ୍କୁଲ୍ କୁ ମାଷ୍ଟର ଆସିଲେ ନାହିଁ । ସ୍କୁଲ୍ ଛୁଟି ହୋଇଗଲା, ଆଉ ଆମେ ଏବେ ଏଠି ଖେଳି କରି ଘରକୁ ଯିବୁ ।"* ମୁଁ ନେଇଥିବା କିଛି ଚକଲେଟ ସେମାନଙ୍କୁ ଦେଲି ଓ କିଛି ସମୟ ସେମାନଙ୍କ ସାଙ୍ଗରେ କଥା ହେଲି । କଥା ହେଉ ହେଉ ପିଲାଙ୍କୁ ପଚାରିଲି, "ଆଛା ପିଲେ କହିଲ ଆମ ଦେଶର ରାଷ୍ଟ୍ରପତି ଏବେ କିଏ ?" ଗୋଟିଏ ପିଲା ଅତି

ଆମ୍ବିଶ୍ୱାସର ସହିତ କହିଲା, "ନରେନ୍ଦ୍ର ମୋଦି ।" "ହେଲେ ସିଏ ତ ଆମ ପ୍ରଧାନମନ୍ତ୍ରୀ", ମୁଁ କହିବାରୁ, ସେ ପିଲାଟି କହିଲା, "ଆମେ ଖାଲି ନରେନ୍ଦ୍ର ମୋଦିଙ୍କୁ ଜାଣିଛୁ । ଦେଶ କହିଲେ ନରେନ୍ଦ୍ର ମୋଦି ଓ ଓଡ଼ିଶା କହିଲେ ନବୀନ ପଟ୍ନାୟକ । ଆମ ଗାଁ ସାରା ଏଇ ଦୁଇଜଣଙ୍କ ଫଟୋ ।" ତା' ଉତ୍ତରରେ ମୁଁ ପଚାରିଲି, "ତୁମେ ଦ୍ରୌପଦୀ ମୁର୍ମୁଙ୍କୁ ଚିହ୍ନ ନ ? ସିଏ ତୁମ ଭଳି ଛୋଟ ପିଲାରୁ ଆଜି ଦେଶର ମହାମହିମ ରାଷ୍ଟ୍ରପତି! ଏବେଠାରୁ ମନେ ରଖ ଓ ତାଙ୍କ ବିଷୟରେ କହିବାକୁ ତୁମ ଶିକ୍ଷକଙ୍କୁ କହିବ । ଦିନେ ତୁମେ ବି ତାଙ୍କ ଭଳି ହୋଇପାରିବ ।" ମୁଁ ଏତିକି କହି ସାରୁଥାଏ କି ନାହିଁ, ସେଠି ଜଣେ ଅଣଆଦିବାସୀ ଶିକ୍ଷିତ ଓ ଗାଁର ଅତି ପରିଚିତ ଜଣେ ଯୁବକ ଥା'ନ୍ତି, ଯିଏ କହିଲେ, "ମାଡାମ୍, ଏଇ ଆଦିବାସୀ ପିଲାଙ୍କୁ ଏତେ କିଛି କହି କିଛି ଲାଭ ନାହିଁ । ସେମାନେ ଜାଣିକି କ'ଣ କରିବେ? ଯାହା ପଢ଼ୁଛନ୍ତି ସେତିକିରେ କିଛି କରିପାରୁନାହାନ୍ତି, ଏତେ କଥା ଜାଣିକି କ'ଣ କରିବେ?" ସେଇ ଯୁବକଙ୍କ କଥାରେ ମୁଁ ଆଶ୍ଚର୍ଯ୍ୟ ହୋଇଗଲି । ମହାମହିମ ରାଷ୍ଟ୍ରପତି ଶ୍ରୀମତୀ ଦ୍ରୌପଦୀ ମୁର୍ମୁଙ୍କ କଥା ଆଦିବାସୀ ପିଲା ଜାଣିବା କେତେ ଆବଶ୍ୟକ, ତାହା ବୋଧେ ସେଇ ଗାଁ ସ୍କୁଲ୍ ର ଶିକ୍ଷକ ବା ଶିକ୍ଷିତ ଲୋକ ବୁଝି ନାହାନ୍ତି । ସେଇ ଶିକ୍ଷିତ ଲୋକଙ୍କୁ କ'ଣ ଆଉ ଶିକ୍ଷା ଦେବି ଭାବି, ମୁଁ ମୋ

କାମରେ ଚାଲିଗଲି । କିନ୍ତୁ ମନ ଭିତରେ ମୁଁ ବହୁତ ମର୍ମାହତ ଥାଏ । ଦ୍ରୌପଦୀ ମୁର୍ମୁ ହେଲେ ସ୍ୱାଧୀନ ଭାରତରେ ଜନ୍ମ ନେଇଥିବା ଆଦିବାସୀ ମହିଳା ଯିଏ କି ପ୍ରଥମଥର ଲାଗି ଦେଶର ପ୍ରଥମ ନାଗରିକ ହୋଇପାରିଲେ ଓ ତାହା ବି ଓଡ଼ିଶା ଭଳି ଏକ ଛୋଟ ରାଜ୍ୟରୁ । ସେ ଜୀବନରେ ସମ୍ମୁଖୀନ କରିଥିବା ୫ଡ-୫ଞ୍ଜା, ବାଧା-ବିଘ୍ନକୁ ନ ଡରି ଦୃଢତାର ସହିତ ତାହାକୁ ମୁକାବିଲା କରି, ଆଜି ଏଇ ପଦବୀରେ ପହଞ୍ଚି ପାରିଛନ୍ତି । ସେ ନା କେବଳ ଆଦିବାସୀ ସଂପ୍ରଦାୟର ଗୌରବ, ବରଂ ସମଗ୍ର ନାରୀଜାତି, ରାଜ୍ୟ ଓ ଦେଶର ଗୌରବ । ତାଙ୍କ ବିଷୟରେ ଅନେକ ଲୋକେ ଅନେକ କଥା ବଖାଣି ସାରିଲେଣି । ହେଲେ ଆଦିବାସୀ ପିଲାମାନେ ତାଙ୍କ ବିଷୟରେ ଜାଣି ନାହାନ୍ତି ! ପିଲାମାନେ ତାଙ୍କ ଜୀବନୀରୁ ଅନୁପ୍ରାଣିତ ହେବା କଥା । ହେଲେ ସେଇ ଆଦିବାସୀ ପିଲାଙ୍କୁ ସେଥ୍ ପାଇଁ ପ୍ରୋତ୍ସାହନ ବି ମିଳୁ ନାହିଁ! ଏହି ଭଳି ଭାବେ କ'ଣ ଆମେ ଆଦିବାସୀଙ୍କ ବିକାଶ ଓ ଅଭିବୃଦ୍ଧି କଥା ଭାବି ପାରିବା? ଦେଶ ବା ଜାତିର ଅର୍ଥନୈତିକ ଅଭିବୃଦ୍ଧି ଓ ବିକାଶ ନିମନ୍ତେ ଗୁଣାତ୍ମକ ଶିକ୍ଷା ନିଶ୍ଚିତ ଭାବରେ ଏକ ମୌଳିକ କାରଣ ଅଟେ । ମାନବ ସମ୍ବଳରେ ନିରନ୍ତର ବିନିଯୋଗ ବିନା କୌଣସି ଦେଶ ଅର୍ଥନୈତିକ, ସାମାଜିକ, ରାଜନୈତିକ ବା ବୌଦ୍ଧିକ ବିକାଶ

ହାସଲ କରିପାରିବ ନାହିଁ । ଏହି ଦିଗରେ, ଶିକ୍ଷା ହିଁ କେବଳ ଏକ ମାତ୍ର ସାଧନ ଯାହା ମାନବ ସମ୍ବଳର ସୁବିନିଯୋଗ କରି ଦେଶର ବିକାଶ ଓ ଅଭିବୃଦ୍ଧିରେ ସହାୟକ ହୋଇପାରିବ । ବିଶେଷକରି ଆଦିବାସୀମାନଙ୍କ ମଧ୍ୟରେ ଶିକ୍ଷା ହିଁ ତାଙ୍କର ବ୍ୟକ୍ତିଗତ ଅବଦାନକୁ ନବୀକରଣ କରି ଓ ବିଭିନ୍ନ ପ୍ରତିବନ୍ଧକକୁ ଦୂର କରି ସେମାନଙ୍କର କଲ୍ୟାଣ ତଥା ଉନ୍ନତି ପାଇଁ ନିରନ୍ତର ସୁଯୋଗ ବିସ୍ତାର କରିପାରିବ । ଯେହେତୁ ଭାରତର ମୋଟ ଜନସଂଖ୍ୟାର ଶତକଡ଼ା ୮.୬ ଭାଗ ହେଲେ ଆଦିବାସୀ, ସେମାନଙ୍କର ବିକାଶର ସାମଗ୍ରିକ ପ୍ରକ୍ରିୟାରେ ଶିକ୍ଷା ଏକ ଗୁରୁତ୍ୱପୂର୍ଣ୍ଣ ଭୂମିକା ଗ୍ରହଣ କରିଥାଏ । କିନ୍ତୁ, ସାତ ଦଶନ୍ଧିରୁ ଅଧିକ ବର୍ଷର ସ୍ୱାଧୀନତା ପରେ ମଧ୍ୟ ଆଦିବାସୀ ମାନଙ୍କର ଶିକ୍ଷା ଓ ସେମାନଙ୍କର ଅଭିବୃଦ୍ଧି ଦିଗରେ ବର୍ତ୍ତମାନ ସୁଦ୍ଧା ଭାରତ ସଂଘର୍ଷ କରୁଛି । ସମସ୍ତ ପଦକ୍ଷେପ କିମ୍ବା କାର୍ଯ୍ୟକ୍ରମ {ସର୍ବ ଶିକ୍ଷା ଅଭିଯାନ} ଏବଂ ଶିକ୍ଷା ଅଧିକାର ଆଇନ (RTE) ସତ୍ତ୍ୱେ ଆଦିବାସୀ ଶିକ୍ଷା ଓ ଶିକ୍ଷାଦାନ ସ୍ଥିତିରେ ସନ୍ତୋଷଜନକ ବିକାଶ ପରିଲକ୍ଷିତ ହୋଇନାହିଁ ।

ସାଧାରଣତଃ ଶିକ୍ଷକ ବା ସାଧାରଣ ଜନତାଙ୍କର ଏହା ଏକ ବଦ୍ଧମୂଳ ଧାରଣା ଯେ, ଗାଁ ଆଦିବାସୀ ପିଲା ପାଠ ପଢ଼ି କେତେ ଦୂର ଯାଇପାରିବେ । ପ୍ରାଇଭେଟ୍ ଇଂଲିଶ୍ ମିଡ଼ିଅମ ପଇସା

ଦିଆ ସ୍କୁଲ୍ ରେ ପଢ଼ୁଥିବା ପିଲାଙ୍କ ସାମ୍ନାରେ ଏଇ ଆଦିବାସୀ ପିଲା କିଛି ନୁହନ୍ତି । ସେମାଙ୍କ ଆଗରେ ଏଇ ମଫସଲିଆ ପିଲା ତିଷ୍ଠି ପାରିବେନି । ଆଦିବାସୀ ପିଲା ପଢ଼ିଲେ କେତେ, ନ ପଢ଼ିଲେ କେତେ, ସେଥିରେ କାହାର କିଛି ଯାଏ ଆସେ ନାହିଁ । ତେଣୁ ତାଙ୍କୁ ଯାହି-ତାହି କି ପଢ଼ାଇ କାମ ଚଳାଇ ନେଲେ ଗଲା । ଯେଉଁଠି ଦାୟିତ୍ୱ ଓ ସମର୍ପଣର ଭାବ ରହିବନି, ସେଠି କୌଣସି ଲକ୍ଷ୍ୟ ସାଧନ ହେବ ନାହିଁ । ତାହା ହିଁ ହେଉଛି ଆମ ଆଦିବାସୀ ପିଲାଙ୍କର ଶିକ୍ଷା କ୍ଷେତ୍ରରେ । ସେମାନଙ୍କର ଶିକ୍ଷାର କେହି ଜଗୁଆଳ ନାହିଁ । ଭୁଲ୍ ପଢ଼ାଇଲେ ବା ଖରାପ ପଢ଼ାଇଲେ, ବା ବିଲକୁଲ ନ ପଢ଼ାଇଲେ ବି, ନା ତ ପିଲା କିଛି କହିବେ ନା ତ ସେମାନଙ୍କର ଅଭିଭାବକ ମାନେ କିଛି କହିବେ । ତାହାଛଡ଼ା ସରକାର କହିଛନ୍ତି ଯେ ସ୍କୁଲ୍ କର୍ତ୍ତୁପକ୍ଷ ଏହାର ଯତ୍ନ ନେବେ ଯେପରି କୌଣସି ପିଲା ପରୀକ୍ଷାରେ ଫେଲ୍ ନ ହେଉ ଓ ଦଶମ ଶ୍ରେଣୀ ପର୍ଯ୍ୟନ୍ତ ଯେମିତି ସମସ୍ତେ ସ୍କୁଲ୍ ଯା'ନ୍ତୁ । ଯଦି ପିଲା ଫେଲ୍ ହୋଇଯାଉଛି ତେବେ ଅତିରିକ୍ତ କ୍ଲାସ୍ କରି ସେମାନଙ୍କୁ ପାସ୍ କରିବାର ବ୍ୟବସ୍ଥା କରା ଯାଉ । ଏହି କ୍ଷେତ୍ରରେ ସରକାର କିଛି ଭୁଲ କହି ନାହାନ୍ତି । ସରକାରଙ୍କ ଉଦ୍ଦେଶ୍ୟ ରହିଛି ପିଲା ଯେପରି ସ୍କୁଲ ରୁ ବାହାରି ନ ଯା'ନ୍ତୁ, କି ପାଠ ପଢ଼ା ଅଧାରୁ ନ ଛାଡ଼ି ଦିଅନ୍ତୁ । କିନ୍ତୁ ସରକାରଙ୍କ ଏହିଭଳି ପଦେକ୍ଷପ ମାଷ୍ଟର ଓ

ପିଲାଙ୍କର ମୁଣ୍ଡ ବ୍ୟଥାର କାରଣ । କିଏ ଅତିରିକ୍ତ କ୍ଲାସ କରି ପିଲାଙ୍କୁ ପଢ଼ାଇବ ବା କିଏ ସେଇ ପାଠକୁ ଆଉ ଥରେ ପଢ଼ିବ । ସେଥିଲାଗି ଟେବୁଲ୍-ଚେୟାର ସବୁ ପାସ୍ । ଆଦିବାସୀ ଗାଁକୁ ଆସି କେଉଁ ସରକାର ଦେଖୁଛନ୍ତି ଯେ ସରକାରୀ ସ୍କୁଲ୍ ରେ, ସରକାରୀ ଶିକ୍ଷକ କି ପ୍ରକାରର ପାଠ ପିଲାମାନଙ୍କୁ ପଢ଼ାଉଛନ୍ତି ! ସବୁ ପିଲାଙ୍କୁ ପାସ୍ କରିଦେଲେ ପିଲାଙ୍କର ଯେତେ ଖୁସି ତା ଠାରୁ ବେଶୀ ଖୁସି ସରକାରୀ ଶିକ୍ଷକଙ୍କର ଓ ବ୍ଲକ ଶିକ୍ଷା ଅଧିକାରୀଙ୍କର । କାରଣ, ଯଦି ପିଲାଙ୍କୁ ଫେଲ୍ କରିଦିଆ ଯାଏ, ତେବେ ପିଲାମାନେ ପାଠ ଭୟରେ ସ୍କୁଲ୍ ଛାଡ଼ିଦେବେ । ସ୍କୁଲ୍ ର ଉପସ୍ଥାନ ରେଜିଷ୍ଟର୍ ରେ ଯଦି ପିଲାଙ୍କର ଅନୁପସ୍ଥିତି ରେକର୍ଡ କରାଗଲା, ତେବେ ପିଲାଙ୍କ ଅନୁପସ୍ଥିତି ଯୋଗୁଁ ସ୍କୁଲ୍ କୁ ବନ୍ଦ କରିଦେବାର ଆଦେଶ ଦେବେ ସରକାର । ସ୍କୁଲ୍ ବନ୍ଦ ହୋଇଗଲେ ମାଷ୍ଟ ମାନଙ୍କର ଅନ୍ୟ ସ୍କୁଲ୍ କୁ ବଦଲି ହୋଇଯିବ, ଯେଉଁଠି ପିଲା ଅଧିକ ଥିବେ ବା ପିଲା ରୀତିମତ ସ୍କୁଲ୍ ଆସୁଥିବେ । ବିନା ପିଲାରେ ସ୍କୁଲ୍ ଚଲାଇବାର ମଜା ଯାହାକୁ ଥରେ ଲାଗିଗଲାଣି, ସେ ଆଉ କ'ଣ ବକର-ବକର ହୋଇ ପଢ଼ାଇବାକୁ ପସନ୍ଦ କରିବ, ନା ବୋଝେ ପିଲାଙ୍କ ପରୀକ୍ଷା ଖାତା ଅନୁଧାନ କରିବାର ବୋଝ ନେବାକୁ ଚାହିଁବ! ଅନେକ ଆଦିବାସୀ ଅଂଚଳ ଅଛି ଯେଉଁଠି ସ୍କୁଲ୍ ଏମିତି ଚାଲିଛି । ଶିକ୍ଷାର

ଯେଉଁଠି ଆବଶ୍ୟକ, ସେଇଠି ଶିକ୍ଷା ପ୍ରହସନ ପାଲଟି ଯାଇଛି । କେବଳ ସରକାରଙ୍କୁ ଓ ଆଖ ପାଖ ଲୋକଙ୍କୁ ଆଖି ମିଟିକା ମାରିବା ଲାଗି ସ୍କୁଲ୍ ଚାଲିଛି, ପିଲା ଆସୁଛନ୍ତି ବୋଲି ରେଜିଷ୍ଟର୍ ରେ ଚଢୁଛି । କିନ୍ତୁ ସବୁ ଆଦିବାସୀ ପିଲା ତ ସମାନ ନୁହନ୍ତି ନା ? ସେଇ ଆଦିବାସୀ ପିଲାଙ୍କ ମଧ୍ୟରେ କିଛିଟା ଦ୍ରୌପଦୀ ମୁର୍ମୁଙ୍କ ଭଳି ପ୍ରତିଭା ମଧ୍ୟ ଥାଇ ପାରନ୍ତି, ଯେଉଁମାନେ ପାଠ ପଢି ଜୀବନରେ କିଛି କରିବାକୁ ଚାହାନ୍ତି । ହେଲେ ଏଇ ସବୁ ଆନୁସଙ୍ଗିକ ଅସୁବିଧା ଯୋଗୁଁ ସେମାନଙ୍କର ସ୍ୱପ୍ନ ବି ମାଟିରେ ମିଶି ଯାଉଛି । ଗୁଣାତ୍ମକ ଶିକ୍ଷା ଅଭାବରୁ ଆଦିବାସୀ ପିଲା ପ୍ରତିଯୋଗିତାମୂଳକ ପରୀକ୍ଷାରେ ଭଲ ପ୍ରଦର୍ଶନ କରିପାରୁନାହାନ୍ତି । ଚାକିରୀ କ୍ଷେତ୍ରରେ ଚୟନ ହେବାର ସମ୍ଭାବନା ତାଙ୍କ ଲାଗି କମିଯାଉଛି । ସେଥିଲାଗି ସେମାନେ ପଢା ଯାଉଥିବା ପାଠ ପ୍ରତି ବିଶ୍ୱାସ ହରାଉଛନ୍ତି ଓ ପାଠପଢି କିଛି ଲାଭ ନାହିଁ ବୋଲି ଭାବି ଅଧିକାଂଶ ପିଲା ସ୍କୁଲ୍ ମଧ୍ୟ ଛାଡ଼ି ଦେଉଛନ୍ତି ।

ଆଦିବାସୀ ଅଧ୍ୟୁଷିତ ଅଂଚଳରେ ରହୁଥିବା ଆଦିବାସୀ ପିଲାଙ୍କର ଶିକ୍ଷାରେ ଓ ଶିକ୍ଷିତ ହେବାରେ ଅନେକ ପ୍ରତିବନ୍ଧକ ଦେଖିବାକୁ ମିଳୁଛି । ଯିଏ ସେଇ ପ୍ରତିବନ୍ଧକକୁ ପାରି କରିଗଲା ସିଏ ଜିତି ଗଲା ଓ ଯିଏ ନ ପାରିଲା ସିଏ ରହିଗଲା । ହେଲେ ଏଇଠି ପ୍ରଶ୍ନ ଉଠୁଛି ଯେ ସରକାର ଏଇ ଆଦିବାସୀ ପିଲାଙ୍କ ଲାଗି

ଏତେ କାମ କରୁଛନ୍ତି, ଏତେ ଯୋଜନା, ନୀତି, ପ୍ରକଳ୍ପ ଆଣୁଛନ୍ତି, ତଥାପି ଯଉ କଥାକୁ ସେଇ କଥା । ନିବେଶ ହିସାବରେ ଅମଳ ହୋଇ ପାରୁ ନାହିଁ । ଏହାର କାରଣ କ'ଣ? ଏହାର କାରଣ ସତରେ ଅନେକ ହୋଇ ପାରେ । କିନ୍ତୁ ପେଟରେ ଯଦି ଭୋକ ଅଛି ଓ ପେଟର ଭୋକ ଲାଗି ଖାଦ୍ୟ ମଧ ଯୋଗାଇ ଦିଆ ଯାଉଛି, ଓ ଆମେ ସେଇ ଖାଦ୍ୟ ଖାଇବା ସତ୍ତ୍ୱେ ତାହା ଯଦି ପେଟରେ ପହଞ୍ଚି ପାରୁ ନାହିଁ, ତେବେ ଆମ ଖାଦ୍ୟ ନଳୀରେ କିଛି ଅସୁବିଧା ଅଛି । ଆମ ଶରୀରରେ ଥିବା ଖାଦ୍ୟ ନଳୀ ଭଳି, ସରକାରଙ୍କ ସାହାଯ୍ୟ ଓ ଅନୁଦାନ ଉପଭୋକ୍ତକାରୀଙ୍କ ନିକଟରେ ପହଞ୍ଚାଇବାର ନଳୀ ହେଲେ ସରକାରୀ କର୍ମଚାରୀ । ଯଦି ସେଇ ନଳୀରେ ଅସୁବିଧା ଥାଏ, ତେବେ ଭୋକିଲାକୁ ଯେତେ ଖାଦ୍ୟ ଯୋଗାଇ ଦେଲେ ମଧ ପ୍ରକୃତ ଲକ୍ଷ୍ୟ ସାଧନ ହୋଇପାରିବ ନାହିଁ । ସେଇଠି ଖାଦ୍ୟ ଦେବା ଆଗରୁ, ଖାଦ୍ୟ ନଳୀ କୁ ସଜାଡ଼ିବାକୁ ପଡ଼ିବ ।

ଏହିଭଳି କିଛି ସମସ୍ୟାବଳୀ ଉପରେ ଆଧାରିତ ଏହି ପୁସ୍ତକ । ଯେଉଁଠି ଆଦିବାସୀ ଅଛନ୍ତି, ଆଦିବାସୀଙ୍କ ସୁବିଧା ଲାଗି ସରକାର ଅଛନ୍ତି, ସରକାରଙ୍କ ସହାୟତା ଲାଗି ସରକାରୀ କର୍ମଚାରୀ ଅଛନ୍ତି, କିନ୍ତୁ ତଥାପି ସମସ୍ୟା ଅଛି, ଶୋଷଣ ଅଛି ଓ ସମାଧାନର ବାଟ କ'ଣ ଜାଣି ହେଉ ନାହିଁ । ଗୋଟିଏ ଛୋଟ

ଆଦିବାସୀ ଝିଅର ଶିକ୍ଷା ଓ ସେଇ ଝିଅକୁ ଗୁଣାତ୍ମକ ଶିକ୍ଷା ଦେଇ ଶିକ୍ଷିତ କରାଇବା ଲାଗି ଆଦିବାସୀ ଗରିବ ବାପା-ମା'ଙ୍କର ସଂଘର୍ଷ ଉପରେ ପୁସ୍ତକଟି ଆଧାରିତ । ସେଇ ସଂଘର୍ଷରେ ଥିବା ଆଦିବାସୀଙ୍କର ସରଳତା ଓ ସମାଜରେ ଥିବା ନିଷ୍ଠୁରତା, କ୍ରୁରତା ଓ ବର୍ବରତା ଉପରେ ଆଧାରିତ ଏହି ପୁସ୍ତକ । ଯେତେବେଳେ ଆମେ 'ସବକା ସାଥ, ସବକା ବିକାଶ' କଥା କହୁଛନ୍ତି, ସେତେବେଳେ କିଛି ଲୋକ ତାହାକୁ ବୁଝି ଅବୁଝା ଭାବରେ ରହୁଛନ୍ତି ଓ ବିପରୀତ ଭାବରେ କାମ କରୁଛନ୍ତି । ଯେତେବେଳେ ଆମେ 'ସବ୍ ପଢ଼େଙ୍ଗେ ଔର ସବ୍ ବଢ଼େଙ୍ଗେ' କଥା କହୁଛନ୍ତି, କିଛି ଲୋକ ତାକୁ ଅଣଦେଖା କରି, ଅମାନିଆ ହୋଇ ଅନ୍ୟକୁ ତଳକୁ ଟାଣି କେବଳ ନିଜେ ବଢ଼ିବାରେ ଲାଗିଛନ୍ତି । ଯେତେବେଳେ ଆଜି ଆମେ ଅମୃତକାଳରେ ଅଛନ୍ତି, ସେତେବେଳେ କିଛି ବିଷଧାରୀ ମାନେ ଅମୃକାଳକୁ ବିଷମୟ କରିବାର ପ୍ରୟାସ କରୁଛନ୍ତି । ଏହି ପୁସ୍ତକଟିକୁ କେବଳ ଏକ ପୁସ୍ତକ ଭଳିଆ ହିଁ ପଢ଼ା ଯାଇ ନ ପାରେ, ବରଂ ଏଥିରେ ଉଲ୍ଲେଖ ହୋଇଥିବା ପ୍ରତ୍ୟେକ ଉକ୍ତିକୁ ଅନୁଭବ କରିବା ଉଚିତ, ଯାହା ଫଳରେ ବର୍ତ୍ତମାନ ଆଉ ଭବିଷ୍ୟତକୁ ଅନୁମାନ କରିହେବ ।

ଶିକ୍ଷା, ସ୍ୱାସ୍ଥ୍ୟ ଓ ସରକାର, ସର୍ବ ଧର୍ମ, ସର୍ବ ବର୍ଗ, ସର୍ବ ଜାତି, ସର୍ବ ବର୍ଣ୍ଣ ନିରପେକ୍ଷ ରହିଲେ ହିଁ ଦେଶ ଓ ଜାତିର ଅଭିବୃଦ୍ଧି ସମ୍ଭବ,

ଯାହା ସରକାରଙ୍କୁ ଚୟନ କରୁଥିବା ଜନତା, ସରକାର ଓ ସରକାରୀ କର୍ମଚାରୀଙ୍କୁ ଏଇ ପୁସ୍ତକରେ ପ୍ରାଞ୍ଜଳ ଭାବରେ ବୁଝେଇ ଦିଆ ଯାଇଛି । ଆଦିବାସୀ ପିଲା କେବଳ ଆଦିବାସୀ ସମ୍ପ୍ରଦାୟର ଛୁଆ ନୁହନ୍ତି, ବରଂ ଆମ ପିଲାଙ୍କ ଭଳି ଆସନ୍ତା କାଲି ସମାଜର ନିଆଁ । ସେ 'ମୋ ଛୁଆ', କି 'ତା ଛୁଆ' ନୁହନ୍ତି ବରଂ ଆମ ସମସ୍ତଙ୍କ ପିଲା । ଆମେ ଯଦି ଶିକ୍ଷିତ ହୋଇ ଭାବିବା ଯେ ସେମାନେ କିଛି କରିପାରିବେ ନାହିଁ, ତେବେ ସେମାନଙ୍କ ଠାରୁ ଆଗେ ଆମକୁ ଉଚିତ ଶିକ୍ଷା ଲୋଡ଼ା । ପିଲାମାନଙ୍କର ଶିକ୍ଷାର ଦାୟିତ୍ୱ କେବଳ ସ୍କୁଲ୍ କି ସରକାରଙ୍କର ନ ହୋଇ, ଆମ ସମସ୍ତଙ୍କର ହେଲେ ଭଲ ହୁଅନ୍ତା । କିଛି ନ ହେଲେ ଆମ ଆଖ-ପାଖରେ ଥିବା ଅଭାବୀ-ଅବହେଳିତ ଶିଶୁକୁ ଶିକ୍ଷା ପ୍ରଦାନ କରିବାର କିଛି କିଛି ଦାୟିତ୍ୱ ଯଦି ଆମେ ଶିକ୍ଷିତ ସମାଜ ନିଅନ୍ତେ, ବୋଧହୁଏ ଆମ ଦେଶର ଶିକ୍ଷା ଛବି, ଶିକ୍ଷା ବ୍ୟବସ୍ଥା ଓ ଶିକ୍ଷା ଅବସ୍ଥାରେ ସୁଧାର ଆସି ପାରନ୍ତା, ଯାହା ଆପଣମାନେ ଏହି ବହି ପଢ଼ିବା ସାଙ୍ଗରେ ଜାଣି ପାରିବେ ।

ଲେଖିକା
ଡ଼. ଅନ୍ତର୍ଜିତା ନାୟକ

କୁସୁମ

ଘଞ୍ଚ କୁଞ୍ଜୁକୁଞ୍ଜିଆ ଜଙ୍ଗଲ । ପ୍ରକୃତିର ଅପୂର୍ବ ସମ୍ଭାର । ନୀଳ ଆକାଶର ସ୍ପର୍ଶ ଓ ସୂର୍ଯ୍ୟଙ୍କର କିରଣକୁ ଆଲିଙ୍ଗନ କରିବା ଲାଗି ସତେ ଯେମିତି ଗଛମାନେ ନିଜ ନିଜ ଭିତରେ ପ୍ରତିଯୋଗିତାରେ ମାତିଥା'ନ୍ତି । ସେହି ପ୍ରତିଯୋଗିତାରୁ ବାଦ୍ ପଡ଼ି ନଥିଲେ ସବୁଜ ଲତା   ମାନେ । ଗଛର ଗଣ୍ଡିରେ ଗୁଡ଼େଇ ହୋଇ ସେମାନେ ବି ଚଲେଇଥା'ନ୍ତି ତାଙ୍କର ଚେଷ୍ଟା; ସୂର୍ଯ୍ୟ ଓ ଆକାଶକୁ ଛୁଇଁବାର । ପ୍ରକୃତିର ଏହି ପ୍ରତିଯୋଗିତାକୁ ଉତ୍ସାହିତ କରିବାକୁ ଝରଣା, ଚଢ଼େଇ ଓ ଭିନ୍ନ ଭିନ୍ନ ଜୀବଜନ୍ତୁ ଯେମିତି ସମତାଳରେ ସ୍ୱର ଦେଉଥା'ନ୍ତି । ତାହା ସହିତ ଯୋଡ଼ି ହୋଇଯା'ନ୍ତି ଫୁଲ ଓ ଫଳର ମହକ । ଏପରି ଅପରୂପ ସମାଗମକୁ ଖାଲି ଭାବିଦେଲେ ହିଁ ଯେତେବେଳେ ମନ ଆନନ୍ଦ ହୋଇ ଉଠୁଛି, ଯଦି ସେଇ ସ୍ୱର୍ଗୀୟ

ସୌନ୍ଦର୍ଯ୍ୟକୁ   କୋଳ କରି ତା'ର ଆଶ୍ରୟ ନିଆଯାଏ ତେବେ କେମିତି ଲାଗିବ? ତାହା ସତରେ, ଅବର୍ଣ୍ଣନୀୟ ।

କିନ୍ତୁ କାହିଁକି କେଜାଣି, ଡୁଙ୍ଗୁରୁ ଓ ତା'ର ସ୍ତ୍ରୀ ମହୁଲ ତାଙ୍କର ସାଢ଼େ ତିନି ବର୍ଷର ଝିଅ କୁସୁମ ଓ ଛଅ ମାସର ଝିଅ ଲତାକୁ କାଖରେ ଧରି ସେଇ ପ୍ରକୃତି କୋଲରେ ଥିବା ତାଙ୍କ ଗାଁ ଘର ଛାଡ଼ି ପଲେଇ ଆସୁଥା'ନ୍ତି । ମଝିରେ ମଝିରେ ମହୁଲ ତା ଶାଢ଼ୀ କାନିରେ, ଆଖିରୁ ନୀରବରେ ବୋହିଯାଉଥିବା ଲୁହକୁ ପୋଛି ପକାଇ, କାଖରେ ଥିବା ସାନ ଝିଅ ଲତାକୁ ଆଉଁସି ଦେଉଥାଏ । ଡୁଙ୍ଗୁରୁ ତା'ର ବଡ଼ ଝିଅ କୁସୁମକୁ କାନ୍ଧରେ ବସାଇ, ଗଣ୍ଠୁଲି ଧରି ଆଗରେ ଚାଲୁ ଥାଏ । ସେହି ଆଦିବାସୀ ଦମ୍ପତିଙ୍କୁ ଦେଖିଲେ ଲାଗୁଥିଲା, କିଛି ଅଘଟଣ ଘଟିଛି ତାଙ୍କ ସାଙ୍ଗରେ । କପାଳରେ ଏକ ଚିନ୍ତାର ଗାର ଦେଖା ଯାଉଥିଲା । ବହୁତ ବାଟ ଚାଲି ଚାଲି ଆସିଲା ପରେ, ଜଙ୍ଗଲ, ପ୍ରକୃତି, ତାଙ୍କ ମାଟି, ତାଙ୍କ ପବନ ଓ ତାଙ୍କ ଘର ବହୁତ ପଛରେ ରହିଗଲା । ପଛରେ ରହିଗଲା ପୁରୁଣା ସ୍ମୃତି, ସେଇ ଜନ୍ମ ରାତି ଓ ମିଠା ଅନୁଭୂତି । ଆଗରେ ଥାଏ ଦିଶାହୀନ ବାଟ, ଅନିଶ୍ଚିତତାର ହାତ ଓ ଅସୁମାରୀ ସ୍ୱପ୍ନକୁ

ହାସଲ କରିବାକୁ ବନ୍ଦ କବାଟ। ଜଙ୍ଗଲର ପାଦ ଦେଶରୁ ଆରମ୍ଭ ହୋଇଯାଉଥାଏ ଜୀବନ ସଂଘର୍ଷର ଯାତ୍ରା । ଶାନ୍ତ ଜଙ୍ଗଲ ଭିତରର ଘର ଅଗଣାକୁ ପଛରେ ପକାଇ, ଅଶାନ୍ତ ସହରର ମୁହାଣରେ ଠିଆ ହୋଇଥାନ୍ତି ଦୁଙ୍ଗୁରୁ ଓ ତା' ପରିବାର । ଜୀବନକୁ ନୂଆ କରି ଆରମ୍ଭ କରିବାକୁ ଭାବିଲା ବେଳକୁ ସତେ ଯେମିତି ଶେଷ ହୋଇଯାଉଥାଏ ସବୁ ଆଶା ଓ ଭାବନା । ଠିକ୍ ସେତିକି ବେଳକୁ ସାମ୍ନାରୁ କିଏ ଜଣେ ସାଇକେଲଟେ ଚଢ଼ି, ଆସି ପହଞ୍ଚିଲେ । ତାଙ୍କୁ ଦେଖି ଦୁଙ୍ଗୁରୁ ଓ ତା' ସ୍ତ୍ରୀ ଯେମିତି ଆଶ୍ୱସ୍ତିର ଏକ ଦୀର୍ଘ ନିଃଶ୍ୱାସ ମାରିଲେ । "ଭା/ଇ କୁହା/ର", କହି ଦୁଙ୍ଗୁରୁ ସେଇ ବ୍ୟକ୍ତିଙ୍କୁ କୁଣ୍ଢାଇ ପକାଇଲା । ମହୁଲ ଭାବପ୍ରବଣ ହୋଇ, ସକେଇ-ସକେଇ କାନ୍ଦି ପକାଉଥାଏ । କିନ୍ତୁ ନିର୍ବାକ୍ ଦୁଇ ଛୁଆ ! କ'ଣ ହେଉଛି, କାହିଁକି ହେଉଛି ବା ଆଗକୁ କ'ଣ ହେବ, କୌଣସିର ଜ୍ଞାନ ନଥାଏ ସେଇ ନିରୀହ ଦୁଇ ଝିଅଙ୍କ ପାଖରେ । କୁସୁମକୁ ସାଇକେଲର କେରିୟରରେ ବସାଇ ଦେଇ, ଦୁଙ୍ଗୁରୁ ହାତରୁ ଗଣ୍ଠୁଲି ନେଇଯାଇ ସାଇକେଲ ହାଣ୍ଡେଲ୍ ରେ ଝୁଲାଇ ଦେଇ, ସମସ୍ତେ ଏକାଠି ଚାଲିବା ଆରମ୍ଭ କରିଲେ । କିଛି ବାଟ

ଗଲା ପରେ ଏକ ନୁଆଁଣିଆ ଚାଳ ଘର ପାଖରେ ସାଇକେଲଟି ଅଟକି ଗଲା, ଓ ସେଇ ବ୍ୟକ୍ତି ଜଣଙ୍କ କହିଲେ:-

"ଦୁଙ୍ଗୁରୁ ଭାଇ, ଆଜି ଠାରୁ ଏଇ ଚାଳିଆ ହେଲା ତୁମ ଘର । ମୋ ଘର ଏଇ ପାଖରେ । ଆମେ ସହର ଭିତରକୁ ଯିବା ନାହିଁ । ଏଇ ଜଙ୍ଗଲ ଓ ସହର ମୁହାଁରେ ରହିବା । ସହରର ଚଳଚଞ୍ଚଳ ଜୀବନରେ ଆମେ ଟିଷ୍ଟି ପାରିବା ନାହିଁ । ଏଇ ଚାଳିଆରେ ମୋ ସ୍ତ୍ରୀର ବୋଉ ରହୁଥିଲା । ମୋ ସ୍ତ୍ରୀର ଆଉ କେହି ନାହାନ୍ତି । କରୋନା ବେଳେ ବୁଢ଼ୀର ଦେହ ଖରାପ ହୋଇଗଲା ଓ ସେ ମରିଗଲା । ସେବେଠୁ ଏଇ ଘର ଖାଲି ପଡ଼ିଛି । ତୁମେ କିଛି ଦିନ ଏଇଠି ରୁହ, ଭଲ ନ ଲାଗିଲେ ସମୟ ଦେଖି ଅନ୍ୟ ବ୍ୟବସ୍ଥା କରିଦେବ । ନ ହେଲେ ତୁମେମାନେ ଏଇଠି ରହିଲେ ଆମର ଖୁସି । ଏଇଠି ରହିଲେ ତୁମକୁ ଟିକିଏ ଗାଁ ଗାଁ ମଧ ଲାଗିବ । ଆମେ ଏଇଠି ୧୫ଟା ଘର ଅଛୁ । ସମସ୍ତେ ଭଲରେ ଗୋଟିଏ ପରିବାର ଭଳି ଚଳୁ । ଆଶା କରୁଛି ମହୁଲ ଓ ପିଲାମାନଙ୍କୁ ଏଠି ଭଲ ଲାଗିବ । ତୁମେ ମାନେ ଆସିବ ବୋଲି ମୋ ସ୍ତ୍ରୀ ଘର ଝଡ଼ାଝୁଡ଼ି କରି, କିଛି ଖାଇବା ଜିନିଷ ଓ ପିଇବା ପାଣି ରଖି ଦେଇଛି । ତୁମେ ମାନେ ଘରେ ଟିକିଏ ବିଶ୍ରାମ କର, ମୋ ସ୍ତ୍ରୀ ବେଳାବେଳି ଆସି ମହୁଲ ଓ ପିଲାମାନଙ୍କୁ ଦେଖା କରିବ । ଯଦି

ଦରକାର ପଡ଼ିଲା, ତେବେ ମୋତେ ଫୋଅନଟେ କରିବ । ମୁଁ ଆସିଯିବି ।"

"ଭାଇ, ତୁମକୁ ଅନେକ ଅନେକ ଧନ୍ୟବାଦ । ଘର ଭଲ ଅଛି । ଆମର କୌଣସି ଅସୁବିଧା ହେବ ନାହିଁ । ଆପଣ ଆମ ଲାଗି ବହୁତ କରିଲେଣି, ଆପଣ ମଧ ଘରକୁ ଯାଇ ଟିକିଏ ବିଶ୍ରାମ ନିଅନ୍ତୁ । ଉପରଓଳିକୁ ଦେଖା ହେବ ।" ଏହା କହି ଡୁଙ୍ଗୁରୁ ସେଇ ବ୍ୟକ୍ତି ଜଣକୁ ବିଦାୟ ଦେଲା ।

ସେଇ ବ୍ୟକ୍ତି ଜଣକ ଥିଲେ, ପିଙ୍ଗୁଆ । ପିଙ୍ଗୁଆ, ଡୁଙ୍ଗୁରୁ ସାଙ୍ଗରେ ଦିନ ମଜୁରିଆ କାମ କରେ । ଡୁଙ୍ଗୁରୁ ସବୁଦିନ ଜଙ୍ଗଲରେ ଥିବା ତା ଗାଁରୁ ସହର ଆଡ଼ିକି ଆସୁଥିଲା ଓ ପିଙ୍ଗୁଆ ସାଙ୍ଗରେ କାମକୁ ଯାଉଥିଲା ଓ କାମ ସାରି ଫେରେ ଘରକୁ ଫେରି ଯାଉଥିଲା । ଡୁଙ୍ଗୁରୁ କିନ୍ତୁ କେବେ ହେଲେ ଭାବି ନଥିଲା ଯେ, ତାକୁ ସବୁ ଦିନ ଲାଗି ତା ଗାଁ ଛାଡ଼ି ଆସି, ଏଇ ସହରରେ ରହିବାକୁ ହେବ ବୋଲି । କ'ଣ ଆଉ କରାଯିବ, ଭାଗ୍ୟର ବିଡମ୍ବନା । ଯାହାହେଉ, ଭାଗ୍ୟକୁ ଆଦରେଇ ଆଗକୁ ବଢ଼ିବା ଲାଗି ଠାଣି

ନେଇଥିଲା, ଦୁଙ୍ଗୁରୁ । ମନ ଯଦିଓ ଦୁଃଖ ଥିଲା, କିନ୍ତୁ ଦୁଃଖ ପରେ ସୁଖ ଆସିବାର ସ୍ୱପ୍ନ ଦେଖିବା ଭୁଲି ନଥିଲା ଦୁଙ୍ଗୁରୁ ।

ଗାଁରେ ଥିଲାବେଳେ, ଦୁଙ୍ଗୁରୁ ଭୋର ରୁ ଉଠି ଗାଈ-ଗୁହାଳ କାମ କରି, ଜଙ୍ଗଲ ଆଡେ ଭେଡ଼ ବୁଲି, ପଖାଳ କଂସେ ଖାଇ କାମକୁ ଯାଉଥିଲା । କିନ୍ତୁ ଏବେ ନା ତ ଜଙ୍ଗଲ ଅଛି, ନା ତ ଘର, ନା ତ ଗାଈ ନା ଗୁହାଳ । ଏବେ ଦୁଙ୍ଗୁରୁ ସକାଳୁ ଉଠି ପାଖରେ ଥିବା ଗୋଟେ କେନାଲ ବନ୍ଧ ଉପରେ ବସି, ଉଦୀୟମାନ ସୂର୍ଯ୍ୟଙ୍କୁ ଦେଖେ । ପରିବର୍ତ୍ତନ ହେଉଥିବା ସୂର୍ଯ୍ୟଙ୍କର ଆକାର, ରଙ୍ଗ ଓ ସ୍ଥାନକୁ ଦେଖି ସାହସ ପାଏ ଦୁଙ୍ଗୁରୁ । ସେଇ ବାଟ ଦେଇ କିଛି ଲୋକ କାମକୁ ଯା'ନ୍ତି, କିଛି ଲୋକ ବଜାରକୁ ଯା'ନ୍ତି ଓ କିଛି ପିଲା ଫିଟ୍-ଫାଟ୍ ହୋଇ ସ୍କୁଲ୍ ବସ ଆସିବା ଅପେକ୍ଷାରେ ଥା'ନ୍ତି । ସେଇ ପିଲାମାନଙ୍କୁ ଦେଖି ଦୁଙ୍ଗୁରୁକୁ ଭାରି ଭଲ ଲାଗେ । ମନେ ମନେ ସେ ବି ନିଜ ଝିଅମାନଙ୍କୁ ସେହିପରି ସ୍କୁଲ୍ ଯିବା ଦେଖିବାର ସ୍ୱପ୍ନ ସଜାଏ । ବଡ ଝିଅକୁ ସ୍କୁଲ୍ ରେ ଦେବା ଲାଗି ଦୁଙ୍ଗୁରୁ ହାତରେ କିଛି ସମୟ ଥାଏ । ଝିଅକୁ ସାଢ଼େ ପାଞ୍ଚରୁ ଛଅ ବର୍ଷ ହେଲେ ସିଧା ପ୍ରଥମ ଶ୍ରେଣୀରେ ନାମ ଲେଖାଇଦେବ ଓ

ସେତିକି ପର୍ଯ୍ୟନ୍ତ ଦଶମ ପଢ଼ିଥିବା ଡୁଙ୍ଗୁରୁ ଘରେ ଝିଅ ମାନଙ୍କୁ ପଢ଼ାଇ ଦେବ ବୋଲି ଭାବିଥାଏ । ବେଳେ ବେଳେ ପଖାଳ କଂସା ପାଖରେ ଖାଇ ବସିଲା ବେଳେ, ମହୁଲକୁ ବି ସିଏ ସେଇ କଥା କୁହେ ।

"ଆମ ପିଲା ବି ଯଦି ସେଇ ଇଂଲିଶ୍ ସ୍କୁଲ୍ ରେ ପଢ଼ନ୍ତେ, କେତେ ଭଲ ହୁଅନ୍ତା ନା? ତୁ ଜାଣିଛୁ, ମୁଁ ସବୁ ଦିନ ସକାଳେ ସେଇ ପିଲାମାନଙ୍କୁ ଦେଖେ । ସେଇ ପିଲାମାନେ ଇଂଲିଶ୍ ରେ କେତେ କଥା କୁହନ୍ତି । ମୋତେ ତାଙ୍କୁ ଦେଖିବାକୁ ଓ ତାଙ୍କ କଥା ଶୁଣିବାକୁ ଭାରି ଭଲ ଲାଗେ । ମୁଁ ସିନା ଭଲରେ କିଛି ବୁଝିପାରେ ନାହିଁ, କିନ୍ତୁ ମନେ ମନେ ଭାବେ ଆମ କୁସୁମ ଯଦି ଇଂଲିଶ୍ ପଢ଼ି ଗୋଟେ ବଡ଼ ବାବୁ ହୋଇଯା'ନ୍ତା କେତେ ଭଲ ହୁଅନ୍ତା ! କୁସୁମ ଇଂଲିଶ୍ ପଢ଼ିଲେ ତା ପଛକୁ ଆମ ଲତା ବି ଇଂଲିଶ୍ ପଢ଼ି ପାରନ୍ତା । ଏହି ଦୁଇ ଝିଅଙ୍କର ସଫଳତା ହିଁ ସମାଜକୁ କଡ଼ା ଜବାବ ଦିଅନ୍ତା ।"

ଡୁଙ୍ଗୁରୁ କଥା ସରୁ ସରୁ, ଆଖିରୁ ଝରି ଆସୁଥିବା ଲୁହକୁ କାନିରେ ପୋଛି ଦେଇ ମହୁଲ କହିଲା, "କୁସୁମର ବାପା, ତୁମେ ଏତେ ବଡ଼ ବଡ଼ ସପନ ଦେଖ ନାହିଁ । ଆମେ ଗରିବ ଆଦିବାସୀ

ଲୋକ । ଆମ ପିଲା କ'ଣ ଇଂଲିଶ୍ ପଢ଼ି ପାରିବେ, ନା ଆମେ ଇଂଲିଶ୍ ସ୍କୁଲ୍ ରେ ସେମାନଙ୍କୁ ପଢ଼େଇ ପାରିବା । ଆମେ ଜଙ୍ଗଲରେ ରହିବା ଲୋକ । ବାଧ୍ୟ ହୋଇ ସହର ମୁହଁ ହୋଇଛୁ । ଆଜି ଯଦି ଆମର ଦୁଇଟା ଝିଅ ହୋଇ ନଥା'ନ୍ତେ, ଆମେ ଆଜିବି ସେଇ ଜଙ୍ଗଲରେ, ଆମ ନିଜ ଗାଁରେ ଥା'ନ୍ତୁ । ଆମେ ଛୋଟ ଲୋକ । ଆମ ଭାଗ୍ୟ କ'ଣ ଏତେ ତେଜ୍ ଯେ ଆମ ଝିଅମାନେ ଇଂଲିଶ୍ ପଢ଼ିବେ?"

ଏହା କହି, ମହୁଲ ପଖାଳ ବେଲାରେ ଅଇଁଠା ଗୋଟେଇ ନେଇ ରୋଷେଇ ଘର ଭିତରକୁ ଚାଲିଗଲା । କିନ୍ତୁ ଦୁଙ୍ଗୁରୁର ମନ ମହୁଲ କଥାରେ ରାଜି ହେଉ ନଥାଏ ।

ସେ ଭାବୁଥାଏ, "ଆମେ ଆଦିବାସୀ ହେଲୁ ତ କ'ଣ ହେଲା ? ଆମେ ଗରିବ ହେଲୁ ତ କ'ଣ ହେଲା ? ଶିକ୍ଷା ଓ ପାଠ ପଢ଼ା ଏଇ ସବୁ ଦେଖେ ନାହିଁ । ହଁ, ଇଂଲିଶ୍ ସ୍କୁଲ୍ ରେ ପଢ଼ିବାକୁ ପଇସା ବହୁତ ଦରକାର । ସେଥିରେ କ'ଣ ଅଛି । ମୁଁ ବହୁତ ପରିଶ୍ରମ କରିବି । ଦିନ ରାତି କାମ କରିବି । କିନ୍ତୁ ମୋ ଝିଅଙ୍କୁ ଭଲ ଇଂଲିଶ୍ ସ୍କୁଲ୍ ରେ, ଭଲ ପାଠ ପଢ଼େଇବି ଓ ଭଲ ମଣିଷ କରିବି । ଏଇ ପାଗିଲୀ ମହୁଲ କିଛି ବୁଝୁ ନାହିଁ ।"

ପଖାଳ ଖାଇ ଡୁଙ୍ଗୁରୁ ତା' କାମକୁ ବାହାରି ଗଲା । କିନ୍ତୁ ମନ ଭିତରେ ସେଇ କଥା ସବୁବେଳେ ଚାଲିଥାଏ ଯେ, ତା' ଝିଅ ଇଂରାଜୀ ମାଧ୍ୟମ ବିଦ୍ୟାଳୟ କେମିତି ଯିବେ ଓ ଇଂଲିଶ୍ ପାଠ କେମିତି ପଢ଼ିବେ? କାହାକୁ ପଚାରିଲେ କିଏ ଟିକିଏ ବାଟ ଦେଖାଇ ଦେବ, କିଏ କେମିତି ଟିକିଏ ସାହାଯ୍ୟ କରିଦେବ, ସେଇ ସନ୍ଧାନରେ ସେ ଥାଏ ।

ଦିନେ କାମରୁ ଫେରି ଘର ଅଗଣାରେ ଖଟିଆଟେ ପାରି ଦେଇ ଶୋଇ, ଆକାଶରେ ଥିବା ତାରା ଓ ଚନ୍ଦ୍ରକୁ ଦେଖୁଥାଏ ଡୁଙ୍ଗୁରୁ । ମନେ ମନେ ଭାବୁ ଥାଏ, ଯଦି ଏତେ ଅନ୍ଧାର ଆକାଶର କାଲିମାକୁ ଏଇ ଛୋଟ ଛୋଟ ତାରାମାନେ ନିଜ ଆଲୋକରେ ଆଲୋକିତ କରି ପାରୁଛନ୍ତି, ତେବେ ତା ଝିଅକୁ ଇଂଲିଶ୍ ପାଠ ପଢ଼େଇବାର ଇଚ୍ଛାଶକ୍ତି କ'ଣ ତା'ର ଆଦିବାସୀ ଓ ଗରିବ ହେବା ଯୋଗୁଁ ସ୍ୱପ୍ନରେ ରହି ଯିବ? ଏତିକି ଭିତରେ, ମହୁଲ ଆସି ଡୁଙ୍ଗୁରୁ ଶୋଇ ଥିବା ଖଟିଆ କଡରେ ବସିପଡି ପଚାରିଲା,

"କ'ଣ ଭାବୁଛ? ମୁଁ ଜାଣିଛି, ତୁମେ କେବେଳ ଝିଅ ମାନଙ୍କର ଭବିଷ୍ୟତ କଥା ହିଁ ଭାବୁଥିବ । କିଛି ଚିନ୍ତା କରନା । ନିଶ୍ଚୟ କିଛି ବାଟ ବାହାରିଯିବ ଓ ସୁବିଧା ମଧ୍ୟ ହୋଇଯିବ । ଜାଣିଛ, ଆମ ଗାଁର ପଦୁ ଆଜି ମୋତେ ହାଟରେ ଭେଟିଲା । ସେ କିଛି କେନ୍ଦୁ ବିକିବାକୁ ଆଣିଥିଲା । ଜଙ୍ଗଲରେ କାଳେ ଏଥରକ ବହୁତ କେନ୍ଦୁ ହୋଇଛି । କୁସୁମ ଓ ଲତା ଲାଗି ମଧ୍ୟ କିଛି କେନ୍ଦୁ ଦେଇଛି । ତା'ରି ପାଖରେ ଟିକିଏ ବସି ଯାଇ, ଗାଁ ଖବର ନେଉଥିଲି । କଥା କଥାରୁ ଜାଣିଲି ଯେ ପଦୁର ମନ ଭାରି ଦୁଃଖ । ତା'ର ପୁଅ ଓ ଝିଅ ଯେଉଁ ଗାଁ ସ୍କୁଲ୍ କୁ ଯାଉ ଥିଲେ, ସେଇ ସ୍କୁଲ୍ କାଳେ ସରକାର ବନ୍ଦ କରିଦେଲେ ।"

ମହୁଲ କଥାକୁ ସେଇଠି କାଟି ଦୁଖୁରୁ କହିଲା, "ଭଲ ହେଇଛି । ସେଇ ସ୍କୁଲ୍ କୁ ଯିବା ଲାଗି ବିଚରା ପିଲାଙ୍କୁ ଗୋଟେ ଭଙ୍ଗା ପୋଲ ଦେଇ ଯିବାକୁ ପଡ଼ୁଥିଲା । କେଉଁଦିନ ପୋଲ ଯଦି ଭାଙ୍ଗିବ ନା, ପିଲା ସବୁ ନାଲରେ ପଡ଼ି ଖଣ୍ଡିଆ ଖାବରା ହେବେ, ନହେଲେ ପାଣି ଜୋର ଥିଲେ ଭାସି ଯିବେ । ଏମିତିରେ ବି ସେଇ ସ୍କୁଲ୍ କୁ କୋଉ ମାଷ୍ଟର ଆସୁଥିଲେ ଯେ ! ଅଧେ ଦିନ ତ ମାଷ୍ଟରଙ୍କର ଛୁଟି । ଗୋଟିଏ ଦରଭଙ୍ଗା ଘରେ ପାଞ୍ଚଟା କ୍ଲାସ୍ ଏକା ସାଙ୍ଗରେ ଚାଲୁଥିଲା । ମୁଁ ତ ଥରେ ସେଇ ସ୍କୁଲ୍ ର ହେଡ

ସାର୍ ଙ୍କୁ କହୁଥିବାର ଶୁଣିଛି ଯେ, 'ଏଇ ଆଦିବାସୀ ପିଲା ପାଠ ପଢ଼ି କ'ଣ କରିବେ ? ଖାଲି ଦରମା ଗଣ୍ଡେ ଲାଗି ସେମାନଙ୍କୁ ଯାଇ- ତାଇ କି ଗଡ଼େଇ ନେବା କଥା ।'

ଏଥରେ, ମହୁଲ ତୁ କହ, ପିଲାଙ୍କର ପାଠ ପଢ଼ିବାରେ ମନ ଲାଗିବ ତ ? ଆମେ ଆଦିବାସୀ ହେଲୁ ବୋଲି କ'ଣ ଭଲ ପାଠ ପଢ଼ିବାର ଅଧିକାର ଆମର ନାହିଁ ? ମହୁଲ, ତୋର ମନେ ପଡୁଛି, ଆମ ସୁକୁ ପୁଅ କଥା । ଯିଏ ତୃତୀୟ ଶ୍ରେଣୀରେ ପଢୁଥିଲା ! ଏବେ ବୋଧେ ପଞ୍ଚମକୁ ଯିବଣି । ମାଷ୍ଟର ତାକୁ ଯେଉଁ ପଚାରିଥିଲେ ଯେ ବିଶ୍ୱକର୍ମା ପୂଜାରେ କାହାକୁ ପୂଜା କରାଯାଏ, ସେ ତ ଉତ୍ତରରେ କର୍ମା ଗଛକୁ ପୂଜା କରାଯାଏ ବୋଲି କହିଥିଲା, ଯାହା ପାଇଁ ତାକୁ ମାଷ୍ଟର ଗାଳି ଦେଇ ଆଶେଇ ଦେଇଥିଲେ? ମାଷ୍ଟର କହିଲେ ଯେ ବିଶ୍ୱକର୍ମା ପୂଜାରେ ଭଗବାନ ବିଶ୍ୱକର୍ମାଙ୍କୁ ପୂଜା କରାଯାଏ । ହେଲେ ଆମ ସୁକୁ ପୁଅ ଯାହା ଦେଖିଛି ସେଇଆ କହିଲା । ଏଥରେ ଭୁଲ୍ କ'ଣ ଥିଲା ? ମାଷ୍ଟର ତାକୁ କାହିଁକି ଗାଳିଦେଲେ? ବିଚରା ସୁକୁ ପୁଅ ଉରିକି କେତେ ଦିନ ସ୍କୁଲ୍ ଗଲାନି । ସେ ଖାଲି ନାମ କୁ ମାତ୍ର ସ୍କୁଲ୍ । ସେଠି କ'ଣ ପାଠ ପଢ଼ା ହୁଏ ନା କ'ଣ ? ଯାହାତ ସ୍କୁଲ୍ ! ବନ୍ଦ ହୋଇଗଲା ବୋଲି ଏତେ ଚିନ୍ତା !"

ଦୁଙ୍ଗୁରୁର କଥାରେ ମହୁଲ କହିଲା, "ତୁମେ କି କଥା କହୁଛ ଯେ ! ଏବେ ପଦୁର ଛୁଆ କ'ଣ ଆଉ ସ୍କୁଲ୍ ଯିବେ ନାହିଁ ? ସ୍କୁଲ୍ ସେଇ ଜାଗାରୁ ଉଠି ଆଉ ଗୋଟେ ସ୍କୁଲ୍ ରେ ମିଶି ଯାଇଛି । ସେଇ ସ୍କୁଲ୍ କାଳେ ପଦୁ ଘର ଠାରୁ ୧୦ କିଲୋ ମିଟର ଦୂରରେ । ପିଲାମାନେ କ'ଣ ଏତେ ଦୂର କ'ଣ ଚାଲି ଚାଲି ଯାଇ ପାରିବେ? ପଦୁ କହୁଥିଲା, ସିଏ ସେମାନଙ୍କୁ ନେଇ ସାଇକେଲ୍ ରେ ସ୍କୁଲ୍ ଛାଡ଼ିବ ଓ ଆଣିବ । ଯେଉଁ ଦିନ ସିଏ ନେଇ ପାରିବ ନାହିଁ ସେଦିନ ପିଲାଙ୍କର ସ୍କୁଲ୍ ବନ୍ଦ । ତା' ପିଲାଙ୍କର ଭବିଷ୍ୟତକୁ ନେଇ ସେ ଭାରି ଚିନ୍ତା କରୁଥିଲା । ସେ କହୁଥିଲା, ସେଇ କାରଣରୁ ଗାଁର କିଛି ପିଲା ଆଉ ସ୍କୁଲ୍ ଯିବେ ନାହିଁ । ସେମାନେ ଏବେ ଚାଷ କାମରେ ବା ଘର କାମରେ ସାହାଯ୍ୟ କରିବେ । ନହେଲେ ବଜାର ଉପରେ କିଛି ରୋଜଗାର କରି ପରିବାରକୁ ଦୁଇ ପଇସା ଆଣିବେ । ସତରେ, ପିଲାଙ୍କୁ ପାଠ ପଢ଼େଇବା ଓ ଭଲ ପାଠ ପଢ଼େଇବା ବହୁତ କଷ୍ଟ । ସେଥିରେ ତୁମେ କହୁଛ ଆମ ଛୁଆକୁ ଇଂଲିଶ୍ ସ୍କୁଲ୍ ରେ ଦେବା । ଯଦି ଆମେ ଆମ ଛୁଆକୁ ଭଲ ଇଂଲିଶ୍ ସ୍କୁଲ୍ ରେ ଦେବା, ତେବେ ଆମକୁ ଅଧିକ ରୋଜଗାର କରିବାକୁ ପଡ଼ିବ । ସେଥିଲାଗି ମୁଁ ଭାବୁଥିଲି, ଏଇ ପାଖରେ ଥିବା ଧନୀ ଲୋକଙ୍କ ଘରେ ଘର କାମ କରିବି ବୋଲି । ସେଥିରେ ଆଉ ଦୁଇ ପଇସା ଅଧିକ ଆସିଯିବ । ଗଲା

ବେଳେ କୁସୁମ କୁ ସାଙ୍ଗରେ ନେଇଯିବି, ଓ ଲତାକୁ ପାଖ ଘର ମାଉସୀଙ୍କ ଘରେ ନ ହେଲେ ପିଙ୍କୁଆ ଭାଇଙ୍କ ଭାଉଜଙ୍କ ପାଖରେ ଶୁଆଇ ଦେଇ ଯିବି । କ'ଣ କହୁଛ ?"

ମହୁଲ କଥା ଶୁଣି, ଡୁଙ୍ଗୁରୁ ପ୍ରଥମେ ରାଜି ହେଲା ନାହିଁ । ସେ କହିଲା ଏ ବିଷୟରେ ପରେ କଥା ହେବା ପରେ । କିନ୍ତୁ, କ'ଣ ଭାବି ରାଜି ହୋଇଗଲା । ମହୁଲ ଦୁଇଟି ଘରେ ଘର କାମ କରିବା ଆରମ୍ଭ କରିଦେଲା । ତା କାମକୁ ମାସକୁ ଚାରି ହଜାର ଟଙ୍କା ରୋଜଗାର ହେଇଯାଉଥିଲା । ପ୍ରାୟ ଦୁଇ ରୁ ତିନି ଘଣ୍ଟା ଭିତରେ ତା କାମ ସରି ଯାଉଥିଲା ଓ ସେ ଘରକୁ ଆସି ଲତା କଥା ବି ବୁଝି ପାରୁଥିଲା । ମହୁଲ କାମ କରୁଥିବା ଜଣଙ୍କ ଘରେ, ସେଇ ମାଡାମ୍ ଜଣଙ୍କ କୁସୁମକୁ ଭାରି ଆଦର କରୁଥିଲେ । ମହୁଲ କାମ କରିଲା ବେଳେ ସେ ତାକୁ ଖେଳ ଆକାରରେ କିଛି ପାଠ ପଢ଼େଇ ବି ଦେଉଥିଲେ । ମହୁଲ କାମ ସାରି ଗଲା ବେଳକୁ ସେ କୁସୁମ ହାତରେ ବିସ୍କୁଟ୍, କି ଚକଲେଟ୍, କି କିଛି ଫଳ ଦେଉଥିଲେ । କୁସୁମ ବି ତାଙ୍କ ସାଙ୍ଗରେ ଭଲରେ ମିଶି ଯାଉଥିଲା । ସେଇ ମାଡାମ୍ ଜଣକ କୁସୁମକୁ ଇଂରାଜିରେ A ରୁ Z, ଇଂରାଜୀରେ ଫଳର ନାଁ, ପନିପରିବା, ପଶୁ, ପକ୍ଷୀ, ରଙ୍ଗ,

ଦିନ, ମାସ, ରୁତୁ ଇତ୍ୟାଦି ଶିଖାଇ ଦେଉଥିଲେ । ମହୁଲ ସେଇ ସବୁ ଦେଖି ମନେ ମନେ ଭାରି ଖୁସି ହେଉଥିଲା । କୁସୁମ ବି ଭାରି ଭଲରେ ସେଇ ସବୁ କଥା ଶିଖି, ମନେ ରଖି ଦେଉଥିଲା । ସେଇ ମାଡାମ୍ ଜଣଙ୍କ କୁସୁମକୁ କିଛି ଛବିଲ ଇଂରାଜୀ ବହି, ଖାତା ଓ ପେନ୍‌ସିଲ୍ ମଧ କିଣି ଦେଇଥିଲେ । ଏହି ସବୁ ଦେଖି ଦୁଙ୍ଗୁରୁ ଭାରି ଖୁସି ହୋଇଗଲା । ତା ଝିଅକୁ ସେଇ ମାଡାମ୍ ପଢାଉ ଥିବାରୁ, କୃତଜ୍ଞତା ଜ୍ଞାପନ କରିବାକୁ ଦୁଙ୍ଗୁରୁ ବେଳେ ବେଳେ ତାଙ୍କ ଗାଡି ଧୋଇଦିଏ, ତାଙ୍କ ବାଡ଼ି ସଫା କରି ଦିଏ । ମାଡାମ୍ କିଛି ପଇସା ଯାଚିଲେ ବି, ସିଏ ନିଏ ନାହିଁ। ମାଡାମ୍ କିନ୍ତୁ, ସେଇ ପଇସା କୁସୁମର ପଢ଼ା ସାମଗ୍ରୀ ଆକାରରେ ହେଉ, ନ ହେଲେ କିଛି ଖାଇବା ସାମଗ୍ରୀ ଆକାରରେ ହେଉ, ଦେଇ ଦେଉଥିଲେ । ପ୍ରାୟ ବର୍ଷେ ଭଳି କୁସୁମ ତାଙ୍କ ପାଖରେ ବିନା ପଇସାରେ ପାଠ ପଢିଲା । ଦେଖୁ ଦେଖୁ, କୁସୁମ ବହୁତ ଭଲ ପାଠ ପଢିବାକୁ ଲାଗିଲା ଓ ତା'ର ସ୍କୁଲ୍ ରେ ପ୍ରଥମ ଶ୍ରେଣୀରେ ନାମ ଲେଖାଇବା ସମୟ ପାଖକୁ ଆସିଗଲା ।

ୟା ଭିତରେ ଦୁଙ୍ଗୁରୁ, ପିଙ୍ଗୁଆ ସାଙ୍ଗରେ ତା' ଝିଅମାନଙ୍କ ପାଠ ପଢ଼ା କଥା ଆଲୋଚନା କରି, ନିଜ ମନ କଥା କହିଥିଲା । ସେ ପିଙ୍ଗୁଆକୁ ତା ସାଙ୍ଗରେ, ପାଖରେ ଥିବା ଇଂରାଜୀ ମାଧମ ବିଦ୍ୟାଳୟକୁ ଯାଇ ସେଠାରେ ନାମ ଲେଖା ପ୍ରଣାଳୀ ଓ ପ୍ରକ୍ରିୟା ବିଷୟରେ ବୁଝିବାକୁ ଅନୁରୋଧ କରିଥିଲା । ପିଙ୍ଗୁଆର ବାହା ହେବାର ଦଶ ବର୍ଷ ବିତି ଯାଇଥିଲେ ମଧ ତାଙ୍କର କେହି ଛୁଆ ପିଲା ନ ନଥିଲେ । ସିଏ ଦୁଙ୍ଗୁରୁ ର ଝିଅ ମାନଙ୍କୁ ଭାରି ଭଲ ପାଉଥିଲା । ସେଥିଲାଗି ସିଏ ଦୁଙ୍ଗୁରୁ ସାଙ୍ଗରେ ସେଇ ସ୍କୁଲ୍ କୁ ଯାଇ ନାମ ଲେଖା ବିଷୟରେ ପଚାରି ବୁଝିବାକୁ ରାଜି ହୋଇଗଲା । ସେମାନେ ସ୍କୁଲ୍ କୁ ଯିବା ଲାଗି ଗୋଟେ ଦିନ ଧାର୍ଯ୍ୟ କଲେ । ବହୁତ ଡରି ଡରି, ମନରେ ଆଶା, ଆଶଙ୍କା ଓ ସଂଶୟ ନେଇ ସେମାନେ ସ୍କୁଲ୍ ପାଖରେ ପହଞ୍ଚିଗଲେ । ସ୍କୁଲ୍ ର ଗେଟ୍ ବାହାରେ କିଛି ସମୟ ଠିଆ ହୋଇ ରହିଲେ ।

ପିଙ୍ଗୁଆ କହିଲା, "ଦୁଙ୍ଗୁରୁ, ଆଗରେ ଦେଖୁଛୁ ତ କେତେ ବଡ଼ ସ୍କୁଲ୍! ଆମେ ଆଦିବାସୀ, ଅପାଠୁଆ ଲୋକ । ଆମ କଥା ଏମାନେ ଶୁଣିବେ ତ ? ଆମ ପିଲାକୁ ଏଇଠି ପଢ଼ିବାକୁ ଦେବେ

ତ? ମୋତେ କାହିଁକି ଭାରି ଛାନିଆ ଲାଗୁଛି ଚାଲ୍ ଏଇଠୁ ପଳେଇବା।"

ପିଙ୍ଗୁଆ କଥା ଶୁଣି ଦୁଙ୍ଗୁରୁ କହିଲା, "ଭୟ ତ ମୋତେ ବି ଲାଗୁଛି। ଆଜି ଯାଏଁ ଗାଁ, ଜଙ୍ଗଲରୁ ବାହାରି ବାହାର ଦୁନିଆ ବହୁତ କମ ଦେଖିଛି। କିନ୍ତୁ ଗୋଟେ ଜିନିଷ ମୁଁ ସବୁବେଳେ ଦେଖିଛି, ତାହା ହେଲା ସପନ; ମୋ ଝିଅକୁ ଭଲ ପାଠ ପଢେଇବାର ସପନ। ଦୁନିଆ ସାମ୍ନାରେ ମଜବୁତ ହୋଇ ଠିଆ ହେବାର ସପନ। ଯାହା ବି ହେଇ ଯାଉ ନା କାହିଁକି, ମୁଁ ସବୁ ଡର ଓ ଲାଜକୁ ଛାଡ଼ି ସ୍କୁଲ୍ ଭିତରକୁ ଯିବି ଓ ସେଠି ପାଠ ପଢେଇବାର ବ୍ୟବସ୍ଥା ବିଷୟରେ ପଚାରିକି ଆସିବି। ବେଶୀ ରୁ ବେଶୀ ଆମକୁ ଦେଖି କିଛି ଲୋକ ହସିବେ, ବା କିଛି ଲୋକ ତାଚ୍ଛଲ୍ୟ କରିବେ। ଜୀବନରୁ ମାରି ତ ଦେବେନି ନା? ଆମ ରଙ୍ଗ, ଢଙ୍ଗ, ଚାଲି ଓ କଥା ଗୋଟିଏ ଦିନରେ ତ ଆଉ ବଦଳାଇ ଦେଇ ପାରିବା ନାହିଁ ନା? ଚାଲ୍ ଯିବା, କିଛି ହେବ ନାହିଁ।"

ଏହା କହି, ଦୁଇ ଜଣ ସ୍କୁଲ୍ ଭିତରକୁ ପ୍ରବେଶ କରିଲେ। ଠିକ୍ ଗେଟ୍ ପାଖରେ ପହଞ୍ଚୁ ପହଞ୍ଚୁ ଗାର୍ଡ ସେମାନଙ୍କୁ ଅଟକାଇ

ଦେଲା । ପଚାରିଲା, "ହେଇ, ତୁମ ଦୁଇ ଜଣ କୁଆଡେ ଯାଉଛ? କାହାକୁ ଦେଖା କରିବ ?"

ସିକ୍ୟୁରିଟି ଗାର୍ଡ କଥାରେ ଦୁଙ୍ଗୁରୁ ଥରି ଥରି କହିଲା, "ମୋ ଝିଅକୁ ଏଠି ପାଠ ପଢ଼େଇବି । ତା ବିଷୟରେ ବୁଝିବାକୁ ଚାହୁଁଛି ।"

ଦୁଙ୍ଗୁରୁ କଥା ଶୁଣି, ସିକୁରିଟି ଗାର୍ଡ, ଦୁଙ୍ଗୁରୁ କୁ ମୁଣ୍ଡରୁ ଗୋଡ଼ ଯାଏଁ ବଲ ବଲ କରି ଚାହିଁଲା । ମୁହଁରେ ଏକ ମୃଦୁ ହସ ଆଣି କହିଲା, "ତୁ ଏଠି ତୋ ଝୁଆର ଆଡ଼ମିସନ୍ କରେଇବୁ ? ଏଠି ପଢ଼େଇ ପାରିବୁ ତ ? ତୁ ନିଶ୍ଚିତ ଭାବରେ ଅପାଠୁଆ ତେ, ସେଥିଲାଗି କିଛି ନ ଜାଣି ଏଠାକୁ ଆସିଛୁ । ତୁ ଗୋଟେ କାମ କର, ଏଠାରୁ ଶୀଘ୍ର ପଲା ।"

ସିକ୍ୟୁରିଟି ଗାର୍ଡର କଥା ସରିଛିକି ନାହିଁ, ଦୁଙ୍ଗୁରୁ କହିଲା, "ନା, ମୁଁ ଜମା ଯିବିନି । ତୁମେ କୁହ କାହାକୁ ଓ କେଉଁଠି ଦେଖା କରିବି । ଯଦି ମୋତେ ଭିତରକୁ ନ ଛାଡିବ, ତେବେ ଏଠି ବସି ରହିବି ।"

ଡୁଙ୍ଗୁରୁ କଥା ଶୁଣି, ସିକ୍ୟୁରିଟି ଗାର୍ଡ କହିଲା, *" ତୁ ଯା', ସିଧା ପ୍ରିନ୍ସିପାଲ୍ କୁ ଦେଖା କର । ସେ ହିଁ ଏଇ ସ୍କୁଲ୍ ର ପ୍ରଧାନ, ଓ ଯାହା କରିବା କଥା ବା କହିବା କଥା ସେ ହିଁ କରିବେ ।"*

ଏହା କହି ସିକ୍ୟୁରିଟି ଗାର୍ଡ ଡୁଙ୍ଗୁରୁ ଓ ପିଙ୍ଗୁଆକୁ ପ୍ରିନ୍ସିପାଲ୍ ଙ୍କ ଅଫିସ୍ ବାଟ ଦେଖାଇ ଦେଲା । ଦୁହେଁ ଯାଇଁ ବାହାରେ ଅପେକ୍ଷା କରିଲେ । ତା ପରେ ସେମାନଙ୍କୁ ପ୍ରିନ୍ସିପାଲ୍ କୁ ଦେଖା କରିବାର ଅନୁମତି ମିଳିଲା । ସେମାନେ ପ୍ରିନ୍ସିପାଲ୍ଙ୍କ ରୁମ୍ ଭିତରକୁ ଗଲେ । ପ୍ରିନ୍ସିପାଲ୍ ମଧ୍ୟ ସେମାନଙ୍କୁ ଦେଖି ଅଳ୍ପ ସମୟ ଲାଗି ନିର୍ବାକ ହୋଇଗଲେ । ପରେ ପରେ, ସେମାନଙ୍କୁ ବସିବାକୁ କହିଲେ । ଯେମିତି ବସିବାକୁ କହିଛନ୍ତି, ଡୁଙ୍ଗୁରୁ ଓ ପିଙ୍ଗୁଆ ଦୁହେଁ ତଳେ ବସି ପଡ଼ିଲେ । ସଙ୍ଗେ ସଙ୍ଗେ ପ୍ରିନ୍ସିପାଲ୍ ସେମାନଙ୍କୁ ଚୌକିରେ ବସିବାକୁ କହିଲେ । ପ୍ରଥମେ ଡୁଙ୍ଗୁରୁ ଓ ପିଙ୍ଗୁଆ କୁଣ୍ଠାବୋଧ କରୁଥିଲେ ଚୌକିରେ ବସିବାକୁ, କିନ୍ତୁ ପ୍ରିନ୍ସିପାଲ୍ ଅନୁରୋଧ କରିବାରୁ, ସଙ୍କୋଚ ମନରେ ସେ ଚୌକିରେ ବସିଲେ ।

"ସାର୍, ମୁଁ ଡୁଙ୍ଗୁରୁ ଓ ମୋ ଝିଅକୁ ଆପଣଙ୍କ ସ୍କୁଲ୍ ରେ ପଢ଼ାଇବାକୁ ଚାହୁଁଛି । ମୋ ଝିଅ ବହୁତ ଭଲ ପାଠ ପଢ଼େ । ସିଏ ଅଙ୍କରେ ବହୁତ ଭଲ । ମୁଁ ମୋ ଝିଅକୁ ଇଂଲିଶ୍ ସ୍କୁଲ୍ ରେ ପଢ଼େଇ, ବହୁତ ବଡ଼ ମଣିଷ କରିବାକୁ ଚାହୁଁଛି । ମୁଁ ଜାଣିଛି, ଏଇ ସ୍କୁଲ୍ ର ପଇସା ଅଧିକ । କିନ୍ତୁ ମୁଁ ଓ ମୋ ସ୍ତ୍ରୀ ବହୁତ କାମ କରିକି ପଇସା ଦେଇ ଦେବୁ । ଆପଣ ଖାଲି ଆମକୁ ସ୍କୁଲ୍ ରେ ନା ଲେଖାରେ ଟିକିଏ ସାହାଯ୍ୟ କରନ୍ତୁ ।"

ଏହା କହି, ଡୁଙ୍ଗୁରୁ ପ୍ରିନ୍ସିପାଲ୍ ଙ୍କ ସାମନାରେ ହାତ ଯୋଡ଼ି ପକାଇଲା । ପ୍ରିନ୍ସିପାଲ୍ ମଧ ତା କଥା ଶୁଣି, ଟିକିଏ ଭାବବିହ୍ବଲ ହୋଇଗଲେ । ସେ କହିଲେ, "ଦେଖ, ମୁଁ ବୁଝିପାରୁଛି ଯେ ତୁମେ ତୁମ ଝିଅର ଉଜ୍ବଲ ଭବିଷ୍ୟତ ଚାହୁଁଛ । ଏହା ଦେଖି ମୋତେ ମଧ ବହୁତ ଖୁସି ଲାଗିଲା । କିନ୍ତୁ, ମୁଁ ଏଇଠି କହି ରଖେ ଯେ, ଆମ ସ୍କୁଲ୍ ର ଫିସ୍ ବହୁତ ବେଶୀ । ତୁମ ଝିଅକୁ ଏଇଠି ପଢ଼ାଇଲେ, ତୁମ ପରିବାର ଉପରେ ଆର୍ଥିକ ବୋଝ ବହୁତ ପଡ଼ିଯିବ । ତୁମେ ଖାଇବ କ'ଣ, ଓ ଝିଅକୁ ପଢ଼ାଇବ କେମିତି ! ହଁ, ତୁମେ ଗୋଟେ କାମ କରିପାରିବ, ଯେଉଁଠାରେ ତୁମ ଝିଅ ଆମ ସ୍କୁଲ୍ ରେ ଅଷ୍ଟମ ଶ୍ରେଣୀ ଯାଏଁ ମାଗଣାରେ ପଢ଼ି ପାରିବ ।"

ପ୍ରିନ୍ସିପାଲଙ୍କ କଥା ଶୁଣି, ଦୁଙ୍ଗୁରୁ କାନ୍ଦ କାନ୍ଦ ହୋଇ କହିଲା, "ସାର୍, ଦୟାକରି କୁହନ୍ତୁ । ମୁଁ ଆପଣଙ୍କ ନିକଟରେ ଋଣୀ ହୋଇ ରହିବି ।"

"ଆଛା, ତୁମର ବି.ପି. ଏଲ୍ କାର୍ଡ ଅଛି ?" ପଚାରିଲେ ପ୍ରିନ୍ସିପାଲ୍ । ଦୁଙ୍ଗୁରୁ କହିଲା, "ଆଜ୍ଞା ହଁ, ଅଛି । ଏସ୍.ଟି ସାର୍ଟିଫିକେଟ ବି ଅଛି ।"

"ତାହାହେଲେ ତ ବହୁତ ଭଲ । ସରକାରଙ୍କ ଗୋଟିଏ ଯୋଜନା ଅଛି, ଯେଉଁଥିରେ ଆର୍ଥିକ ଦୁର୍ବଳ ଜନସଂଖ୍ୟାଙ୍କ ଲାଗି ଘରୋଇ ଇଂରାଜୀ ମାଧ୍ୟମ ବିଦ୍ୟାଳୟରେ ପଚିଶ ପ୍ରତିଶତ ସିଟ୍ ସଂରକ୍ଷଣ ରହୁଛି । ତାହା ପାଇଁ ଅନ୍‌ଲାଇନ୍ ପଞ୍ଜୀକରଣ ପ୍ରକ୍ରିୟା ରହିଛି । ମୁଁ ତୁମକୁ ତାହାର ଅନ୍‌ଲାଇନ୍ ଠିକଣା ଦେଇ ଦେଉଛି, ତୁମେ କୌଣସି କମ୍ପ୍ୟୁଟର ପାର୍ଲର ଯାଇ ସେଠି କରି ଦେବ । ପଞ୍ଜୀକରଣ ହେଲା ପରେ, ପଞ୍ଜିକୃତ କରିଥିବା ସବୁ ପିଲାଙ୍କ ମଧ୍ୟରୁ କିଛିଟା ନାମ ଚୟନ କରାଯିବ । ଯଦି ସେଥିରେ ତୁମ ଝିଅ ନାମ ଚୟନ ହେଲା, ତାହାହେଲେ ସିଏ ଆମ ସ୍କୁଲ୍ ରେ ମାଗଣାରେ ପଢ଼ି ପାରିବ ଓ ତୁମର ସ୍ୱପ୍ନ ମଧ୍ୟ ସାକାର ହୋଇ ପାରିବ ।"

ପ୍ରିନ୍ସିପାଲଙ୍କ କଥା ଶୁଣି, ଡୁଙ୍ଗୁରୁ ଓ ପିଙ୍ଗୁଆ ଆନନ୍ଦରେ ଘରକୁ ଫେରିଲେ । ହାତରେ ଠିକଣା ଥାଏ । ପିଙ୍ଗୁଆ କହିଲା, *"ମୋର ଜଣେ କମ୍ପ୍ୟୁଟର ଦୋକାନୀ ଚିହ୍ନା ଅଛି । କାଲି ଆମେ ସେଠାକୁ ଯିବା ।"* ଘରେ ଆସି ଡୁଙ୍ଗୁରୁ ସବୁ କଥା ମହୁଲକୁ କହିଲା। ଡୁଙ୍ଗୁରୁ ଘରେ ସେଦିନ ଭାରି ଖୁସିର ପରିବେଶ ଥାଏ, କାରଣ ତାଙ୍କ ଝିଅ ବଡ଼ ସ୍କୁଲ୍ ରେ ଇଂଲିଶ୍ ରେ ପାଠ ପଢ଼ିବ ଓ ତାହା ବି ମାଗଣାରେ ।

ପରଦିନ ପିଙ୍ଗୁଆ ସାଙ୍ଗରେ ଡୁଙ୍ଗୁରୁ ଅନଲାଇନ୍ ନାମ ପଞ୍ଜୀକରଣ ଲାଗି ଦଶ କିଲୋମିଟର ଦୂର ସହରରେ ଥିବା ପିଙ୍ଗୁଆର ଚିହ୍ନା ଇଣ୍ଟେର୍ନେଟ୍ ପାର୍ଲର କୁ ଗଲେ । ପ୍ରିନ୍ସିପାଲ୍ ଦେଇଥିବା ଅନଲାଇନ୍ ଠିକଣାର କାଗଜ ଡୁଙ୍ଗୁରୁ ସେଇ ପାର୍ଲର ଭାଇଙ୍କ ହାତକୁ ବଢ଼ାଇ ଦେଲା । ପାର୍ଲର ଭାଇ ଜଣଙ୍କ ଠିକଣା ଦେଖି କାମ ଆରମ୍ଭ କରିଦେଲେ । ତାଙ୍କୁ ଦେଖି ଡୁଙ୍ଗୁରୁ ଭାରି ଖୁସି ହେଉଥାଏ ଯେ, ତା ଝିଅର ନାମ ଦାଖଲ ହୋଇଯିବ ବୋଲି । ସେଇ ଇଣ୍ଟେର୍ନେଟ୍ ପାର୍ଲର ଭାଇ ବାରମ୍ବାର ସେଇ ଅନଲାଇନ୍ ଠିକଣାକୁ ଦେଖି ଥା'ନ୍ତି ଓ କମ୍ପ୍ୟୁଟର ରେ କ'ଣ

କରୁଥା'ନ୍ତି । ଡୁଙ୍ଗୁରୁ ଓ ପିଙ୍ଗୁଆ କିଛି ବୁଝି ପାରୁ ନଥା'ନ୍ତି । କେବଳ ସେଇଠି ବସି ସେଇ ଭାଇଙ୍କ କାମକୁ ଲକ୍ଷ୍ୟ କରୁଥା'ନ୍ତି । ୟା ଭିତରେ ଘଣ୍ଟାଏ ବିତି ଯାଇଥାଏ ।

ଟିକିଏ ବ୍ୟସ୍ତ ହୋଇ ଡୁଙ୍ଗୁରୁ ପଚାରିଲା, "ଭାଇ ହେଲା କି? ଆଉ କେତେ ସମୟ ଲାଗିବ ?" ଡୁଙ୍ଗୁରୁର କଥାରେ ସେଇ ଇଣ୍ଟେର୍‌ନେଟ୍ ପାର୍ଲରର ଭାଇ ଜଣଙ୍କ କହିଲେ, "କ'ଣ, ହେବ ମ ! ସେଇ ସାଇଟ୍ ଖୋଲିଲେ ତ କ'ଣ ହେବ ! ସେଇ ସାଇଟ୍ ତ ଜମା ଖୋଲୁନି । ମୁଁ ତା ଭିତରକୁ ପଶିଲେ ତ କ'ଣ କରିବି । ମୁଁ ତ କିଛି ବି କରିପାରୁନି ।"

ସେଇ ଭାଇଙ୍କ କଥା ଶୁଣି, ଡୁଙ୍ଗୁରୁ ଓ ପିଙ୍ଗୁଆ କିଛି ବୁଝି ପାରିଲେ ନାହିଁ, କିନ୍ତୁ ଏତିକି ବୁଝି ଯାଇଥିଲେ ଯେ ତାଙ୍କ କାମ ହୋଇପାରୁ ନାହିଁ । ଦେଢ଼ ଘଣ୍ଟା ବିତିଗଲା ଓ ଇଣ୍ଟେର୍‌ନେଟ ପାର୍ଲରର ଭାଇ କହିଲେ, "ଆଜି ତ ଆଉ ହେଲା ଭଳି ଦେଖା ହେଉନି, ତୁମେ କାଲି ଆସ । ଆଜିର ତିରିଶ ଟଙ୍କା ହେଲା ଦେଇ ଯାଅ । କାଲି ଦେଖିବା କ'ଣ ହେଉଛି ।"

ବିଚାର ଡୁଙ୍ଗୁରୁ ଆଉ କ'ଣ କରି ଥା'ନ୍ତା । ଚୁପ୍ ଚାପ୍ ଇଣ୍ଟେର୍ନେଟ ପାର୍ଲର ଭାଇଙ୍କୁ ତିରିଶ ଟଙ୍କା ଦେଇ ଘରକୁ ଫେରିଲା । ସେଦିନ ସେଇ ଇଣ୍ଟେର୍ନେଟ ପାର୍ଲର କାମରେ ଡୁଙ୍ଗୁରୁ ଓ ପିଙ୍ଗୁଆ ଆଉ କାମକୁ ଯାଇ ପାରିଲେ ନାହିଁ । ସେଇ ଦିନର ରୋଜଗାର ବନ୍ଦ । ସେଥିଲାଗି ପିଙ୍ଗୁଆ ଓ ଡୁଙ୍ଗୁରୁ ଭାବିଲେ, ଯେ ଆସନ୍ତା କାଲି କାମରୁ ଫେରିଲା ପରେ ଇଣ୍ଟେର୍ନେଟ ପାର୍ଲର ଆସି ନାମ ଦାଖଲ କାମ କରିବେ । ତା ପର ଦିନ ସନ୍ଧ୍ୟା ୬ ଟା ବେଳକୁ ଦୁହେଁ ମିଶି ପୁଣି ସେଇ ଇଣ୍ଟେର୍ନେଟ ପାର୍ଲରକୁ ଗଲେ । ଇଣ୍ଟେର୍ନେଟ ପାର୍ଲର ବହୁତ ଭିଡ଼ ଥାଏ । ସେଇ ଭାଇ ଜଣଙ୍କ ଅପେକ୍ଷା କରିବାକୁ କହିଲେ । ଦୁହେଁ ବହୁ ସମୟ ଅପେକ୍ଷା କରିଲା ପରେ, ତାଙ୍କର ପାଲି ଆସିଲା । ଗତ ଥର ଭଳି, ପୁଣି ସେହି ପରି ହେଲା । ସାଇଟ୍ ଜମା ଖୋଲିଲା ନାହିଁ । କ'ଣ ହେଉଥିଲା ଜଣା ନାହିଁ, କିନ୍ତୁ ନାମ ପଞ୍ଜୀକରଣ କରି ହେଉ ନଥାଏ । ଏଥରକ ବି ଡୁଙ୍ଗୁରୁ ତିରିଶ ଟଙ୍କା ଗଣିଲା, କିନ୍ତୁ କାମ ହେଲା ନାହିଁ । କ'ଣ ପାଇଁ ସତରେ ସେଇ ସାଇଟ୍ ଖୋଲୁ ନାହିଁ ଭାବି, ସେଇ ପାର୍ଲରର ଭାଇ ମଧ ଚିନ୍ତାରେ ପଡ଼ିଗଲେ । କିଏ କେମିତି ଡୁଙ୍ଗୁରୁକୁ

ସାହାଯ୍ୟ କରି ହେବ ଭାବି ଭାବି, ପାର୍ଲର ଭାଇ ଜଣଙ୍କ ଦୁଙ୍ଗୁରୁକୁ ଗୋଟେ ରାସ୍ତା ବତେଇଲେ ।

ସେ କହିଲେ, "ଦେଖ ଦୁଙ୍ଗୁରୁ ଭାଇ । ପ୍ରିନ୍ସିପାଲ୍ ଦେଇ ଥିବା ଠିକଣା ଖୋଲିଲେ ହିଁ କିଛି କରାଯାଇ ପାରିବ । ଯେ ପର୍ଯ୍ୟନ୍ତ ତାହା ଖୋଲି ନାହିଁ, କାମ ଆଗକୁ ଯାଇ ପାରିବ ନାହିଁ । ଏହି ବାବଦରେ ଶିକ୍ଷା ବିଭାଗରେ ଥିବା ସରକାରୀ ଲୋକେ ହିଁ କିଛି କହି ପାରିବେ । ତୁମେ ଗୋଟେ କାମ କର । ଏଇ ସାମ୍ନାରେ ଯେଉଁ ଚା ଦୋକାନ ଦେଖୁଛ ନା, ସେଇ ଚା ଦୋକାନକୁ ବ୍ଲକ ଶିକ୍ଷା କାର୍ଯ୍ୟାଳୟର କିଛି ବାବୁ ମାନେ ସକାଳ ବୁଲା ସାରି ଚା' ପିଇବାକୁ ଆସନ୍ତି । ସେମାନେ ସେଇଠି ବସି ଅଧ ଘଣ୍ଟେ ପଇଁଚାଳିଶ ମିନିଟ ଗପସପ, ଗୁଲି ଖଟି କରନ୍ତି । ତୁମେ ସକାଳୁ ସକାଳୁ ଆସି ତାଙ୍କୁ ଧର । ସରକାରଙ୍କ ସେଇ ସ୍କିମ ବିଷୟରେ ପଚାରି ବୁଝ ଓ ବୁଝ ଯେ ସେଇ ସାଇଟ୍ କାହିଁକି ଖୋଲୁନି । ସେମାନେ ହିଁ କହି ପାରିବେ କ'ଣ ଅସୁବିଧା ହୋଇଛି ।"

"ହଉ ଠିକ୍ ଅଛି । ଧନ୍ୟବାଦ ଭାଇ," କହି ଦୁଙ୍ଗୁରୁ ଓ ପିଙ୍ଗୁଆ ସେଠାରୁ ପଳେଇ ଆସିଲେ ।

ଠିକ୍ ତା' ପର ଦିନକୁ ଦୁଙ୍ଗୁରୁ ଗାଧୋଇ ପାଧୋଇ ୧୦ କିଲୋ ମିଟର ସାଇକେଲ୍ କରି ସେଇ ଚା' ଦୋକାନରେ ପହଞ୍ଚିଗଲା । ଚା' ଦୋକାନ ସାମନାରେ ଦୁଇଟି ବେଞ୍ଚ ପଡ଼ିଥାଏ । ଦୁଙ୍ଗୁରୁ ପହଞ୍ଚିଲା ବେଳକୁ ବେଞ୍ଚ ପୁରା ଖାଲି ଥାଏ । ଚା' ଦୋକାନରେ, ଚୁଲି ଉପରେ ଚା' ବସିଥାଏ । ଦୁଙ୍ଗୁରୁ କାହାକୁ କ'ଣ ପଚାରିବ ଭାବି, ପଡ଼ିଥିବା ଗୋଟେ ବେଞ୍ଚ ଉପରେ ବସି ପଡ଼ିଲା । ଭାବିଲା ଏଠି ବସି ବାବୁ ମାନଙ୍କୁ ଅପେକ୍ଷା କରିବ । କିଛି ସମୟ ବସିଲା ପରେ, ସେଇ ଚା' ଦୋକାନୀର ମାଲିକ ଆସି ପଚାରିଲା, "କ'ଣ, ତୁ ଚା' ପିଇବୁ? କେତେବେଳୁ ଏଠି କାହିଁକି ବସିଛୁ ?"

ଦୁଙ୍ଗୁରୁ ଆଉ କିଛି ନ ଜାଣିପାରି କହିଲା, "ନାହିଁ, ମୁଁ ସେମିତି ବସିଛି ।" ତା'ର ଠିକ୍ କିଛି ସମୟ ଯାଇଛି କି ନାହିଁ, ଆଉ ଥରେ ସେଇ ଚା' ଦୋକାନୀ ଆସି କହିଲା, "ତୁ ଯଦି ଚା'-ଫା ନ ପିଇବୁ, ତେବେ ଏଠୁ ଉଠି ପଳା । ଏଇ ବେଞ୍ଚ ଖାଲି କର । ବାବୁ ମାନେ ମର୍ନିଙ୍ଗ ୱାକ୍ ସାରି ଏବେ ଆସୁଥିବେ । ସେମାନେ ଆସିଲେ ଏଠି ବସିବେ । ତୁ ଏବେ ଏଠୁ ଉଠ ।"

ଚା' ଦୋକାନୀ କଥା ଶୁଣି, ଡୁଙ୍ଗୁରୁ ମନେ ମନେ ଭାରି ଖୁସି ହୋଇଗଲା । ଭାବିଲା ବାବୁ ମାନେ ନିଶ୍ଚୟ ଆସିବେ ଆଉ ସିଏ ତା କଥା ପଚାରିବ । ବେଞ୍ଚରୁ ଉଠି ଯାଇ ସାଇକେଲ୍ ପାଖରେ ଠିଆ ହୋଇ ରହିଲା । ଏତିକି ଭିତରେ ପାଞ୍ଚ ଜଣ ବାବୁ, ହାତରେ ଦାମିକିଆ ଘଣ୍ଟା ଓ ମୋବାଇଲ, ଓ ଗୋଡ଼ରେ ଦାମିକିଆ ଜୋତା ପିନ୍ଧି, ଆସି ସେଇ ଦୋକାନରେ ପହଞ୍ଚିଗଲେ । ତାଙ୍କ ଆସିବା ଦେଖି, ଦୋକାନୀ ଜଣଙ୍କ ନିଜ କାନ୍ଧରେ ଥିବା ଗାମୁଛାରେ ବେଞ୍ଚ ଟିକୁ ଝାଡ଼ି ଦେଲା । ତା ପରେ ବାବୁ ମାନେ ଆସି ବସି ଗଲେ ଓ ଚା' ଆସି ପହଞ୍ଚିଗଲା । ସେମାନେ ଚା' ପିଇ-ପିଇ ଗପସପ କରୁ ଥା'ନ୍ତି । ସେମାନଙ୍କର ଠାଣି ଦେଖି, ତାଙ୍କ ପାଖକୁ ଯାଇ କଥା କହିବାର ଡୁଙ୍ଗୁରୁର ସାହସ ହେଲା ନାହିଁ । ଯିବ କି ଯିବନି, ଭାବି ଭାବି ସମୟ ପଳାଇଲା ଓ ବାବୁମାନେ ସେଠାରୁ ଚା' ପିଇ ପଳେଇ ଗଲେ । ବିଚରା ଡୁଙ୍ଗୁରୁ । ମନ ଦୁଃଖରେ ଫେରିଗଲା । ଠିକ୍ ତା ପରଦିନ ଡୁଙ୍ଗୁରୁ ସମାନ ଭାବରେ, ସକାଳ କାମ ସାରି ପୁଣିଥରେ ସେଇ ଚା' ଦୋକାନ ପାଖରେ ପହଞ୍ଚିଗଲା । ଏଥରକ ବେଞ୍ଚ ଉପରେ ଆଉ ନ ବସି ସାଇକେଲ୍ ପାଖରେ ଠିଆ ହୋଇ ରହିଲା । ବାବୁ

ମାନେ ତାଙ୍କ ସମୟରେ ଆସିଲେ । ଏଥରକ, ସାହସ କରି ଦୁଙ୍ଗୁରୁ, ବାବୁ ମାନଙ୍କ ପାଖକୁ ଗଲା । ଯାଇ ସେଠି ଠିଆ ହେଲା । ଅତି ନମ୍ର ସ୍ୱରରେ କହିଲା, "ବାବୁ, ମୋ ଝିଅର ଗୋଟେ ସ୍କୁଲ୍ ରେ ଦାଖଲ ଦରକାର । ସେଥିଲାଗି ବ୍ଲକ ଶିକ୍ଷା ଅଧିକାରୀ ବାବୁଙ୍କ ସାଙ୍ଗରେ ଟିକିଏ କଥା ଥିଲା ।"

ଦୁଙ୍ଗୁରୁର କଥା ସରୁ ନ ସରୁଣୁ, ଜଣେ ବାବୁ କହିଲେ, "ଆରେ, ଦାଶ ବାବୁ ନାହାନ୍ତି । ସିଏ ବାଙ୍ଗାଲୋର, ତାଙ୍କ ପୁଅ ପାଖକୁ ଯାଇଛନ୍ତି । ଆଜି ସନ୍ଧ୍ୟା ଫ୍ଲାଇଟ୍ ରେ ଆସିବେ । ତୁ କାଲି ଆସିଲେ ନିଶ୍ଚୟ ଏଠି ଦେଖା ହୋଇପାରିବ ।"

ବାବୁ ଜଣକ କଥା ଶୁଣି, ଦୁଙ୍ଗୁରୁ ଧନ୍ୟବାଦ ଜଣାଇ ପଲେଇ ଆସିଲା । ଠିକ୍ ତା ପର ଦିନକୁ ଦୁଙ୍ଗୁରୁ ଠିକଣା ସମୟରେ ସେଇ ଚା' ଦୋକାନ ରେ ପହଞ୍ଚିଗଲା । ତାକୁ ଦେଖି, ଚା' ଦୋକାନୀ ଦୌଡ଼ି ଆସି କହିଲା, "ଏ ଆଦିବାସୀ ! ମୁଁ ତତେ ଏଠି ତିନି ଚାରି ଦିନ ହେଲା ଦେଖୁଛି । ତୁ ଏଠିକି ଆସେ ନାହିଁ, କି ମୋ ବାବୁ ମାନଙ୍କୁ ବିରକ୍ତ କି ହଇରାଣ କରିବାକୁ ଚେଷ୍ଟା କରେ ନାହିଁ । ଏଠିଟା ମୋ ଚା' ଦୋକାନ, ତାଙ୍କ ଅଫିସ୍ ନୁହେଁ ଯେ, ତୁ ଏଠିକି ତୋ ସମସ୍ୟା ନେଇ ଚାଲି ଆସୁଛୁ । ତୋର ଏଇ

କାମ ଯୋଗୁଁ ମୋ ବେପାର ବୁଡିବ ଦେଖାଗଲାଣି । ବାବୁ ମାନେ ରାଗିଗଲେ କି ବିରକ୍ତ ହୋଇଗଲେ ଆଉ ମୋ ଦୋକାନକୁ ଆସିବେ ନାହିଁ । ତୁ ମୂର୍ଖ ! କ'ଣ ମୋ ବେପାର ବୁଢ଼େଇବୁ ? ଯା ! ଏଠୁ ପଲା । ବାବୁ ମାନେ ଆସିବା ଆଗରୁ ପଲା । ନ ହେଲେ ମାରି ମାରି ହଟେଇ ଦେବି ।"

ଦୋକାନୀ ଜଣଙ୍କ କଥା ଶୁଣି, ଦୁଙ୍ଗୁରୁ କହିଲା, "ଭାଇ ଆଜି ଗୋଟେ ଦିନ । ମୁଁ ଖାଲି ଦାଶ ବାବୁଙ୍କୁ ଦେଖା କରିକି ପଲେଇବି । କାଲି ଠାରୁ ଆଉ ଆସିବି ନାହିଁ । ମୋ ଛୋଟ ଝିଅର ଭବିଷ୍ୟତ କଥା । ମୁଁ କେତେ ଯନ୍ତ୍ରଣାରେ ଅଛି ତୁମେ ବୁଝି ପାରିବନି ଭାଇ । ମୋତେ ଆଦିବାସୀ କୁହ, ମୂର୍ଖ କୁହ ମୋର କିଛି ଚିନ୍ତା ନାହିଁ । ମୋ ଝିଅ କେମିତି ପାଠ ପଢ଼ିବ ମୋର ସେଇ ଚିନ୍ତା । ଆଜି ଗୋଟେ ଦିନ ଦିଅ ଭାଇ ।"

ଏତିକି କଥା ହେଉ ହେଉ, ବାବୁ ମାନେ ଆସି ପହଞ୍ଚି ଗଲେ । ଦୋକାନୀ କାନ୍ଧରୁ ଗାମୁଛା କାଢ଼ି ବେଞ୍ଚ ଝାଡ଼ି ଦେଲା । ବାବୁ ମାନେ ଆସି ବସିଗଲେ । ସେଇ ବାବୁ ମାନଙ୍କ ଭିତରୁ ଜଣେ ବାବୁ ଦୁଙ୍ଗୁରୁ କୁ ଦେଖି କହିଲେ, "ଆରେ, ଆଜି ଦାଶ ବାବୁ

ମର୍ନିଙ୍ଗ ୱାକ୍ ରେ ଆସି ନାହାନ୍ତି । ସିଏ କହିଛନ୍ତି ଏଠାକୁ ସିଧା ଆସିବେ । ତୁ ଅପେକ୍ଷା କର ।"

କିଛି ସମୟ ମଧ୍ୟରେ ଜଣେ ବାବୁ ମାରୁତି ସିଆଜ୍ କାର୍ ଧରି ଆସି ପହଞ୍ଚିଲେ । ତାଙ୍କୁ ଦେଖୁ ଦେଖୁ ଅନ୍ୟ ବାବୁ ମାନେ "ଦାଶ ବାବୁ ନମସ୍କାର" ବୋଲି କହିଲେ । ସେଇଠୁ ଦୁଙ୍ଗୁରୁ ଜାଣି ପାରିଲା ଯେ ସେଇ ବାବୁ ଜଣଙ୍କ ହେଲେ ଦାଶ ବାବୁ, ଯାହାଙ୍କର ଅପେକ୍ଷାରେ ସିଏ ଥିଲା । ଦାଶ ବାବୁ ବେଞ୍ଚ ଉପରେ ବସି ଚା' ପିଇଲେ ଓ ଅନ୍ୟ ସାଙ୍ଗ ମାନଙ୍କ ସାଙ୍ଗରେ କିଛି କଥା ବାର୍ତ୍ତା ହେଲେ । ସେତିକି ଭିତରେ ଜଣେ ବାବୁ ଦାଶ ବାବୁଙ୍କୁ କହିଲେ, *"ଆରେ ଦାଶ ବାବୁ, କାଲି ଠାରୁ ଏଇ ଆଦିବାସୀଟି ଆପଣଙ୍କର ଅପେକ୍ଷା କରିଛି । ତା'ର କ'ଣ କାମ ଅଛି ।"*

ବାବୁଙ୍କର କଥା ସରୁ ସରୁ, ଦୁଙ୍ଗୁରୁ, ଦାଶ ବାବୁଙ୍କ ଗୋଡ଼ ତଳେ ଆସି ବସି ଯାଇ ତାଙ୍କ ଗୋଡ଼ ଧରି ନତ ମସ୍ତକ ହୋଇଗଲା । ସାଙ୍ଗେ ସାଙ୍ଗ ଦାଶ ବାବୁ ଫିଟିକି ଯାଇ କହିଲେ, *"ରହ ରହ ମୋତେ ଛୁଁ ନା । ମୁଁ ବ୍ରାହ୍ମଣ ଲୋକ, ଆଜି ପୁଣି ଗାଧୋଇ ପାଧୋଇ ନିତ୍ୟ କର୍ମ ସାରିକି ଆସିଛି । ତୁ ତଳ ଜାତି ଲୋକ ।*

ମୋ ଠାରୁ ଟିକିଏ ଦୂରରେ ବସି କଥା କହ । ହଁ, କ'ଣ ହେଲା ତୋର?"

ଦୁଃଖୁରୁ, ଦାଶ ବାବୁଙ୍କ କଥା ମାନି ଟିକିଏ ଦୂରରେ ଯାଇ ବସି ପଡ଼ି କହିଲା, "ବାବୁ ମୋର ଦି'ଟି ଝିଅ । ଆମ ଘର ଲୋକେ ପୁଅଟେ ଚାହିଁଲେ । ହେଲେ ମୁଁ ଆଉ ମୋ ସ୍ତ୍ରୀ ଆଉ ପିଲା ଛୁଆ କରିବୁନି ବୋଲି କହିଦେଲୁ । ଆମ କଥାରେ ରାଗି ଯାଇ ଆମ ଘର ଲୋକ ଆମକୁ ଘରୁ ତଡ଼ି ଦେଲେ । ଆମେ ଆଉ କ'ଣ କରିଥା'ନ୍ତୁ, ଘରୁ ବାହାରି ଆସି ଏଇଠି ସହର ମୁଣ୍ଡରେ ରହୁଛୁ । ଝିଅମାନେ ଆମର ପାଠ ପଢ଼ି ଯଦି ନିଜ ଗୋଡ଼ରେ ଠିଆ ହୋଇଯା'ନ୍ତେ, ତେବେ ସମାଜକୁ ଜଣା ପଡ଼ନ୍ତା ଯେ ଝିଅମାନେ ମଧ୍ୟ ପୁଅଙ୍କ ତୁଳନାରେ କିଛି କମ ନୁହନ୍ତି । ସେଥିପାଇଁ ମୋର ଭାରି ଇଚ୍ଛା ଯେ ମୋ ଝିଅ ଇଂଲିଶ୍ ସ୍କୁଲ୍ ରେ ପାଠ ପଢ଼ନ୍ତୁ, ଓ ଭଲ ପଢ଼ନ୍ତୁ । ସେଥିଲାଗି ମୁଁ ଏଇ ପାଖ ଇଂଲିଶ୍ ସ୍କୁଲ୍ କୁ ମୋର ଝିଅର ନାମ ଲେଖା ଲାଗି ଯାଇଥିଲି । ସେଇଠି ପ୍ରିନ୍ସିପାଲ୍ ସାର୍ କହିଲେ, କାଲେ ସରକାରଙ୍କ ଯୋଜନାରେ ଆମ ଭଳିଆ ଆଦିବାସୀ ଗରିବ ଗୁରୁବାଙ୍କ ପିଲାମାନେ ଘରୋଇ ଇଂଲିଶ୍ ସ୍କୁଲ୍ ରେ ମାଗଣାରେ ପାଠ ପଢ଼ି ପାରିବେ । ସିଏ ଗୋଟେ ଅନଲାଇନ୍ ଠିକଣା ଦେଲେ ଓ ସେଥିରେ ଝିଅର ନାମ ପଞ୍ଜୀକରଣ କରିବାକୁ କହିଲେ ।

ପଞ୍ଜୀକରଣ ପରେ ଯାଇ ସ୍କୁଲ୍ ରେ ନାମ ଲେଖା ହେବ । କିନ୍ତୁ..., ସାର୍ ସେଇ ଅନଲାଇନ୍ ଠିକଣାଟି ଖୋଲୁନି । ସେଇ ଇଣ୍ଟେର୍ନେଟ୍ ପାର୍ଲରେ ଥିବା ଭାଇ ଜଣଙ୍କ କହିଲେ କି ସେଇ ସାଇଟ୍ କାଲେ ଖୋଲୁନି । ସେଥିଲାଗି ସିଏ ଆପଣଙ୍କୁ ପଚାରି ବୁଝିବାକୁ କହିଲେ, କି କାହିଁକି ସେଇ ସାଇଟ୍ ଖୋଲୁନି ବୋଲି ।"

ଏହା କହି, ଡୁଙ୍ଗୁରୁ ପକେଟ୍ ରୁ ସେଇ ଅନଲାଇନ୍ ଠିକଣା ବାହାର କରି ଦାଶ ବାବୁଙ୍କୁ ଦେଖାଇଲା । ଦାଶ ବାବୁ ଦେଖୁ ଦେଖୁ କହିଲେ, "ଏଇ   ଅନଲାଇନ୍ ପଞ୍ଜୀକରଣ ପ୍ରକ୍ରିୟା ସରିଗଲାଣି । ଏଇ କାଲି ସରିଗଲା । ଆଉ ଏବେ ହୋଇ ପାରିବ ନାହିଁ । ଆଉ ଦଶ ଦିନ ପରେ ଆଉ ଥରେ ଖୋଲିବ, ସେତିକିବେଳେ ଚେଷ୍ଟା କରିବୁ । ଏବେ ଆଉ ହେବ ନାହିଁ ।"

ଏହା କହି ଦାଶ ବାବୁ ଘରକୁ ଯିବା ଲାଗି ଉଠିଲେ । ସେଇଠି ଥିବା ଅନ୍ୟ ବାବୁ ମାନେ ମଧ ଡୁଙ୍ଗୁରର କଥା ଶୁଣୁଥା'ନ୍ତି । ଡୁଙ୍ଗୁରୁ ସବୁ ବାବୁ ମାନଙ୍କୁ କୁହାର ପକାଇ ହତାଶ ଓ ନିରାଶ ହୋଇ ଅତି ଦୁଃଖରେ ସେଠାରୁ ଚାଲି ଆସିଲା । ମନେ ମନେ ଭାବୁଥାଏ ଯେ, ଝିଅକୁ ସ୍କୁଲ୍ ରେ ନାଁ ଲେଖେଇ ପାରିବ ତ ?

କିନ୍ତୁ ଅପେକ୍ଷା କରିବା ଛଡ଼ା ଦୁଙ୍ଗୁରୁ ପାଖରେ ଆଉ ଅନ୍ୟ କିଛି ଗତି ନଥିଲା । ଗୋଟେ ଗୋଟେ ଦିନ ହିସାବ କରି କରି କାଟୁ ଥାଏ ଦୁଙ୍ଗୁରୁ । କେମିତି ଦଶ ଦିନ ପୂରା ହେବ ଓ ସେଇ ଅନଲାଇନ୍ ଠିକଣା ଆଉ ଥରେ ଖୋଲିବ ଓ ସେ କୁସୁମର ନାଁ ପଞ୍ଜୀକରଣ କରିବ ।

ଗଣି ଗଣି ଦଶ ଦିନ ସରିଲା । ଦୁଙ୍ଗୁରୁ ଆଉ ଥରେ ଯାଇ ସେଇ ଇଣ୍ଟେର୍ନେଟ ପାର୍ଲରରେ ପହଞ୍ଚି କହିଲା, *"ଭାଇ, ଆଜି ଆଉ ଥରେ ଟିକିଏ ସେଇ ଅନଲାଇନ୍ ଠିକଣାଟିକୁ ଖୋଲିକି ଦେଖ । ଆପଣ କହିଥିବା ସେଇ ଚା' ଦୋକାନକୁ ଆସୁଥିବା ବାବୁଙ୍କୁ ପଚାରିଥିଲି ଓ ସେ କହିଥିଲେ ଯେ ଦଶ ଦିନ ପରେ ସାଇଟ୍ ଖୋଲିବ । ଆଜିକୁ ଦଶ ଦିନ ହେଲା । ସାଇଟ୍ ଖୋଲିକି ମୋ ଝିଅ କୁସୁମର ପଞ୍ଜୀକରଣ ଟିକିଏ କରି ଦିଅ ଭାଇ ।"*

"ହଉ ଠିକ୍ ଅଛି, ଆସ୍ ଦେଖିବା ।" ଏହା କହି ପାର୍ଲରର ଭଦ୍ର ଦୋକାନୀ ଜଣଙ୍କ ଅନଲାଇନ୍ ରେ ସେଇ ଠିକଣାଟିକୁ ଖୋଲିବାକୁ ଚେଷ୍ଟା କରିଲେ ।

"ଖୋଲିଲା! ଖୋଲିଲା"! କହି ସେଇ ଇଣ୍ଟେର୍ନେଟ ପାର୍ଲର ଭାଇ ଜଣକ ଦୁଙ୍ଗୁରୁ ଆଡ଼ିକି ଖୁସିରେ ଅନାଇଲେ । ଦୁଙ୍ଗୁରୁ ମଧ ବହୁତ ଖୁସି ହୋଇଗଲା । କିନ୍ତୁ ଠିକ୍ ଆର କ୍ଷଣକୁ, ସେଇ ସାଇଟ୍ ଅଧା ଖୋଲିକି ଆଉ ଆଗକୁ ଖୋଲିଲା ନାହିଁ । "ସର୍ଭର ଡାଉନ୍, ପ୍ଲିଜ୍ ଟ୍ରାଏ ଏଗେନ୍"(*Server down. Please try again!*) ଦେଖାଇ ଆଉ ଆଗକୁ କିଛି ହେଲା ନାହିଁ ।

ବିଚରା ଦୁଙ୍ଗୁରୁ, ପୁରା କାନ୍ଦୁଣୁ ମାନ୍ଦୁଣୁ ହୋଇ କହିଲା, "ଭାଇ ଟିକିଏ ଚେଷ୍ଟା କର । କାଲେ ହେଇଯିବ ।"

କିନ୍ତୁ ପାର୍ଲରର ସେଇ ଭାଇ କହିଲେ, "ଦେଖ, ମୋତେ ଲାଗୁନି ଆଉ ହେବ ବୋଲି । ତୁ ଗୋଟେ କାମ କର, ସେଇ ବାବୁଙ୍କୁ ଆଉ ଥରେ ଦେଖା କର ଓ ଏଇ ଅସୁବିଧା ବିଷୟରେ କହ । ଆଉ ତାଙ୍କୁ ନିବେଦନ କରିବୁ, ଯେ ସେ ପଞ୍ଜୀକରଣ କରିବାରେ ତୋତେ ଟିକିଏ ସାହାଯ୍ୟ କରିବେ ।"

ଏହା କହି ସେଇ ପାର୍ଲର ଭାଇ କମ୍ପ୍ୟୁଟର ଆଗରୁ ଉଠି ପଳାଇଲେ । ଦୁଙ୍ଗୁରୁ ଆଉ କ'ଣ କରିଥା'ନ୍ତା । ସେ ମଧ ମନ ଦୁଃଖରେ ଘରକୁ ଫେରିଲା । ଠିକ୍ ତା ପରଦିନ, ସକାଳୁ ପୁଣି ଯାଇ ସେଇ ଚା' ଦୋକାନ ପାଖରେ ପହଞ୍ଚିଗଲା । ଅପେକ୍ଷା କରିଲା, କେତେବେଳେ ବାବୁମାନେ ଆସିବେ । ସବୁ ଦିନ ଭଳି ବାବୁମାନେ ସକାଳ ବୁଲା ସାରି ସେଇ ଦୋକାନରେ ଆସି ପହଞ୍ଚିଗଲେ । ଦାଶ ବାବୁ ମଧ ଥା'ନ୍ତି । ଦାଶ ବାବୁଙ୍କୁ ଦେଖି ଦୁଙ୍ଗୁରୁ ତାଙ୍କ ପାଖକୁ ମାଡ଼ି ଗଲା । କିନ୍ତୁ ଏଥରକ ସିଏ ତାଙ୍କୁ ନ ଛୁଇଁ ଟିକିଏ ଦୂରରୁ ଥାଇ ଜୁହାର କରିଲା ।

କହିଲା, "ସାର୍, ସେଇ ଠିକଣା ଟା କାହିଁକି ଖୋଲୁନି । ଅଧା ଖୋଲିକି ଆଉ ଆଗକୁ ଯାଉ ନାହିଁ । ମୁଁ ଏ ଯାଏଁ ପଞ୍ଜୀକରଣ କରି ପାରୁନାହିଁ । କ'ଣ କରିବି ? ଆପଣ ଟିକିଏ ଦୟାକରିକି ମୋତେ ସାହାଯ୍ୟ କରନ୍ତୁ, ବାବୁ ।"

ଦୁଙ୍ଗୁରୁର କଥା ସରିଛି କି ନାହିଁ, ଦାଶ ବାବୁ କଠୋର ସ୍ଵରରେ କହିଲେ, "ଯଦି ହେଉ ନାହିଁ ଛାଡ଼ି ଦେ ! ତୁମ ମାନଙ୍କ ଲାଗି ସରକାର ଏତେ ସରକାରୀ ସ୍କୁଲ୍ ଖୋଲିଛନ୍ତି, ଯେଉଁଠି ମାଗଣା ଅଣ୍ଡା, ଛତୁଆ ଓ ଖାଇବାକୁ ମିଳୁଛି । ସେଇଠି ତୋ ଝିଅକୁ

ପଢ଼ାଉନୁ କାହିଁକି ? ତୋର କାହିଁକି ଏତେ ଅଠା ସେଇ ଇଂଲିଶ୍ ମିଡ଼ିଅମ୍ ସ୍କୁଲ୍ ରେ ? ବାମନ ହୋଇ ଚାନ୍ଦକୁ ହାତ ! ତୁମ ସାତ ଜନମରେ କିଏ ଇଂଲିଶ୍ ପଢ଼ି ଥିଲା ନା ? ସକାଳୁ ସକାଳୁ ଚାଲି ଆସୁଛି । ତୋର ଦୁଇଟି ଝିଅ ଅଛନ୍ତି, ସେମାନଙ୍କ ବାହାଘର ଲାଗି ପଇସା ରଖ । ତୁମେ ମାନେ ଏତେ ପାଠ ପଢ଼ିକି କ'ଣ କରିବ? ତୁମେ ଆଦିବାସୀ ଜଙ୍ଗଲରେ ରହି ଫଳ ମୂଳ ଖାଇବା ଲୋକ । ସହରକୁ ଚାଲି ଆସି, କ'ଣ ନା ଇଂଗିଲିଶି ମିଡ଼ିଅମରେ ପଢ଼ିବୁ ! ଏଇ ମାନଙ୍କ ପାଇଁ ଆମ ମୁଣ୍ଡ ବ୍ୟଥା ହେଉଛି । କିଛି କରି ଆସିବନି, ଖାଲି ଚାଲିଆସିବେ ସାହାଯ୍ୟ ଲାଗି ।"

ଏତିକି କଥାରେ ଦୁଙ୍ଗୁରୁ କହିଲା, "ସାର୍, ମୁଁ ମୋ ଝିଅକୁ ପଢ଼େଇବାକୁ ଚାହୁଁଛି । ମୁଁ ଗରିବ, କିନ୍ତୁ ହାଡ଼ ଭଙ୍ଗା ପରିଶ୍ରମ କରିକି ମୋ ଝିଅକୁ ପଢ଼ାଇବାକୁ ରାଜି । ଆପଣ ଟିକିଏ ସାହାଯ୍ୟ କରନ୍ତୁ ।" ହାତ ଯୋଡ଼ି ଦୁଙ୍ଗୁରୁ ଦାଶ ବାବୁଙ୍କୁ ନିବେଦନ କରିଲା ।

ଦାଶ ବାବୁ କହିଲେ, "ଦେଖ , ମୁଁ ତ ଏବେ କିଛି ଦିନ ଛୁଟିରେ ଅଛି । ତୁ ଗୋଟେ କାମ କର, କାଲି ସକାଳ ୧୦ ଟା ବେଳକୁ

ମୋ ଘରକୁ ଆସ୍ । ଦେଖିବା କ'ଣ କରି ହେବ ।" ଏହା କହି ଦାଶ ବାବୁ ତାଙ୍କ ଘର ଠିକଣା ଡୁଙ୍ଗୁରୁକୁ ଦେଲେ ।

ପ୍ରିନ୍ସିପାଲ୍ ଦେଇଥିବା ଅନଲାଇନ୍ ଠିକଣା ସହିତ ଆଉ ଗୋଟିଏ ଠିକଣା ପକେଟ୍‌ରେ ରଖି, ମୁହଁ ଓହ୍ଲାଇ ଡୁଙ୍ଗୁରୁ ଘରକୁ ଫେରିଲା । ରାସ୍ତା ଯାକ, ଦାଶ ବାବୁ କହିଥିବା କଥା ଭାବି ଭାବି ଚାଲିଥାଏ । ମନେ ମନେ ଭାବୁ ଥାଏ, ମଣିଷ ତ ମଣିଷ । ଆଦିବାସୀ, ଅଣ ଆଦିବାସୀ ଏଇ ସବୁ କ'ଣ? ଆଦିବାସୀ କ'ଣ ମଣିଷ ନୁହଁତି ? ଆଦିବାସୀଙ୍କ ଲାଗି ଏତେ ହୀନ ଭାବନା କ'ଣ ପାଇଁ ? ଡୁଙ୍ଗୁରୁ ଘରେ ପହଞ୍ଚି ମହୁଲକୁ ସବୁ କଥା କହିଲା ।

"ଧୌର୍ଯ୍ୟ ରଖ । ସବୁ ଠିକ୍ ହୋଇଯିବ । ଆମେ ତ କାହାର ଅମଙ୍ଗଳ ପାଞ୍ଚୁ ନାହାଁ'ତି ନା! ତାହା ହେଲେ ଆମ ସାଙ୍ଗରେ କାହିଁକି କିଛି ଖରାପ ହେବ ! ଯାହା ବି ହେବ, ବା ହେଉଛି ସବୁ ଭଲ ଲାଗି ହେଉଛି ।" ମହୁଲ ଖାଲି ଏତିକି କହି, ଡୁଙ୍ଗୁରୁର ମନୋବଳକୁ ଦୃଢ଼ କରି ରଖିଥାଏ ।

ପର ଦିନ ସକାଳୁ ଉଠି, ଡୁଙ୍ଗୁରୁ ତା ବାଡ଼ିରୁ କିଛି ସଜନା ଛୁଇଁ, ପାଚିଲା ପପିତା ଓ ଖଡ଼ା ଶାଗ ତୋଳି, ତାକୁ ସବୁ ଦାଶ ବାବୁଙ୍କ

ଘରକୁ ନେବା ଲାଗି ଯତ୍ନରେ ବାନ୍ଧି ରଖିଲା । ପ୍ରଥମ ଥର ଲାଗି କାହା ଘରକୁ ଗଲେ ଖାଲି ହାତରେ କଣ ଯିବ ଭାବି, ଯାହା ଯେମିତି ଓ ଯେତିକି ହୋଇପାରିଲା, ସେତିକି ଅତି ଶ୍ରଦ୍ଧାରେ ଯୋଗାଡ଼ କରି ରଖିଲା । ସାବୁନ୍-ଫାବୁନ୍ ମାରି ଭଲରେ ଗାଧୋଇ, ଦାଶ ବାବୁଙ୍କ ଘରକୁ ଯିବା ଲାଗି ପ୍ରସ୍ତୁତ ହୋଇଗଲା । ଠିକ୍ ସକାଳ ୧୦ ଟା ବେଳକୁ, ସେ ଦାଶ ବାବୁ ଦେଇଥିବା ଠିକଣାରେ ପହଞ୍ଚିଗଲା । ନିଜ ବାଡିରୁ ତୋଳିଥିବା ଜିନିଷକୁ ଦାଶ ବାବୁଙ୍କୁ ଦେଲା । ଦାଶ ବାବୁ ଡୁଙ୍ଗୁରୁକୁ ଘର ବାହାରେ ତଳେ ବସିବାକୁ କହିଲେ । ତା ପରେ ସେ ଏକ ଚୌକି ଆଣି କଡ଼ରେ ପକାଇ ବସିଲେ ଓ ସାଙ୍ଗରେ ଲାପଟପ୍ ମଧ ଥିଲା । ପଞ୍ଜୀକରଣ ଲାଗି ଠିକଣା ଖୋଲିଲେ । ସେ ସେଇ ସାଇଟ୍ ଖୋଲୁ ଖୋଲୁ ଖୋଲିଗଲା । ତା ପରେ ଦାଶ ବାବୁ ଡୁଙ୍ଗୁରୁ ଆଡ଼ିକି ଅନେଇ କହିଲେ, "ମୁଁ ତ ସାଇଟ୍ ଖୋଲିଲି, ଖୋଲିଲା ! ତୋର କାହିଁକି ହେଉ ନଥିଲା ? ଆଚ୍ଛା, ମୁଁ ଯଦି ଏବେ ତୋ ଝିଅର ପଞ୍ଜୀକରଣ କରିଦେବି, ତାହା ହେଲେ ତୁ ମୋତେ କ'ଣ ଦେବୁ ?"

"ବାବୁ ମୁଁ ତ ଗରିବ ଆଦିବାସୀ ଲୋକ । ତୁମକୁ କ'ଣ ବା ଦେଇ ପାରିବି? ତୁମେ ତ ମାଲିକ । ଆପଣ କୁହନ୍ତୁ । ମୁଁ କ'ଣ ଦେଇପାରିବି । ମୋ ଝିଅର ଇଂଲିଶ୍ ସ୍କୁଲ୍ ରେ ନାମ ଦାଖଲ

ଲାଗି, ଯଥା ସମ୍ଭବ ମୁଁ ସବୁ କରିବି । କୁହନ୍ତୁ ବାବୁ, ମୁଁ ଆପଣଙ୍କର କି କାମରେ ଲାଗି ପାରିବି ?"

ଦାଶ ବାବୁ କହିଲେ, "ତୁ ତ ଦେଖୁଲୁ ସାଇଟ୍ ଖୋଲୁଛି । ତୁ ଜାଣିଛୁ ମୁଁ ହିଁ ଗୋଟେ ଲୋକ, ଯିଏ ପଞ୍ଜୀକରଣ କରିପାରିବ । ତାହାଛଡ଼ା, ମୋର ହାତ ବହୁତ ଉପର ପର୍ଯ୍ୟନ୍ତ ମଧ ଅଛି. ଖାଲି ପଞ୍ଜୀକରଣ କରିଦେଲେ ତ ହେବନି, ପଞ୍ଜୀକରଣ ପରେ ସେଇ ସ୍କୁଲ୍ ରେ ପଢିବା ଲାଗି ତୋ ଝିଅର ନାଁ ବି ଚୟନ ହେବା ଦରକାର । ସେଇ ଚୟନ ପ୍ରକ୍ରିୟାଟି ଲଟେରୀ ମାଧ୍ୟମରେ କରାଯାଏ । ତୁ ଯେଉଁ ସ୍କୁଲ୍ କଥା କହୁଛୁ, ସେଇଟା ଖୁବ୍ ଭଲ ସ୍କୁଲ୍ । ସେଇଠି ଖୁବ୍ ଭଲ ପାଠ ପଢ଼ା ମଧ ହୁଏ । ସେଇ ସ୍କୁଲ୍ ଟି ଅନ୍ୟ ପ୍ରାଇଭେଟ୍ ସ୍କୁଲ୍ ଅପେକ୍ଷା ଭଲ । ସେଥିଲାଗି ସେଇ ସ୍କୁଲ୍ ର ବହୁତ ଡିମାଣ୍ଡ । କିନ୍ତୁ ମୁଁ ଚାହିଁଲେ ଲଟେରୀରେ ତୋ ଝିଅର ନାଁ ବି ଉଠିବ, ଆଉ ସେଇ ସ୍କୁଲ୍ ରେ ଆଡ଼ମିସନ୍ ବି ହୋଇଯିବ । ଆଉ ଥରେ ସ୍କୁଲ୍ ରେ ନାମ ଦାଖଲ ହୋଇଗଲେ, ଅଷ୍ଟମ ଶ୍ରେଣୀ ପର୍ଯ୍ୟନ୍ତ ପୁରା ମାଗଣାରେ ତୋ ଝିଅ ପଢ଼ିବ । ମୁଁ ଏତେ କାମ କରି ତ ଦେବି, ଓ ମୁଁ ହିଁ ଏଇ କାମ ସବୁ କରିପାରିବି. ହେଲେ ତା ବାବଦରେ ମୋତେ ତ କିଛି ମିଳିବା କଥା କି ନାହିଁ? ତେବେ ତୁ ଗୋଟେ କାମ କର । ତୁ ଆଜି

ଏବେ ଘରକୁ ଯା' । କାଲି ୨୦,୦୦୦ ଟଙ୍କା ନେଇକି ଆସିବୁ, ତୋ ଝିଅର କାମ ହୋଇଯିବ ।"

୨୦,୦୦୦ ଟଙ୍କା ଶୁଣି ଦୁଙ୍ଗୁରୁ ଟିକିଏ ଚୁପ୍ ରହିଗଲା । ମନରେ ଭାବିଲା, ଯେ ସେ ଝିଅର ନାମ ଦାଖଲ ଲାଗି କିଛି ପଇସା ସଞ୍ଚିକି ରଖିଛି । ଇଂଲିଶ୍ ସ୍କୁଲ୍ ରେ ନାମ ଲେଖା ମାଗଣାରେ ହେବା ଲାଗି ଯଦି ଦାଶ ବାବୁ ସାହାଯ୍ୟ କରି ଦେଉଛନ୍ତି, ତେବେ ତାଙ୍କୁ ଟଙ୍କା ଦେଇଦେବାରେ କିଛି ଅସୁବିଧା ନାହିଁ । କେବଳ ୨୦,୦୦୦ ଟଙ୍କାରେ କୁସୁମ ତ ଅଷ୍ଟମ ଶ୍ରେଣୀ ଯାଏଁ ମାଗଣାରେ ପଢ଼ି ପାରିବ । ଯଦିଓ ୨୦,୦୦୦ ଟଙ୍କା ତା' ଲାଗି ବହୁତ ବଡ଼ ଥିଲା, କିନ୍ତୁ ସେ ରାଜି ହୋଇଗଲା ।

"ଠିକ୍ ଅଛି ବାବୁ! ଯଦି ଆପଣ କହୁଛନ୍ତି, ତେବେ ମୁଁ କାଲି ୨୦,୦୦୦ ଟଙ୍କା ନେଇକି ଆସିବି । ମୋ କୁସୁମର ଇଂଲିଶ୍ ସ୍କୁଲ୍ ରେ ନାମ ଲେଖା ଆପଣଙ୍କୁ ଲାଗିଲା, ବାବୁ!"

ଏହା କହି ଦୁଙ୍ଗୁରୁ ସେଠାରୁ ଚାଲି ଆସିଲା । ଘରେ ଆସି ମହୁଲକୁ ସବୁ କଥା କହିଲା ଓ କିଛି ନିଜେ ସଞ୍ଚୟ କରିଥିବା ଓ କିଛି ଧାର କରଜ କରି ୨୦,୦୦୦ ଟଙ୍କା ଏକାବେଳେ

ଯୋଗାଡ଼ ମଧ କରିଲା । ଗୋଟେ କାଗଜ ଠୁଙ୍ଗାରେ ୨୦, ୦୦୦ ଟଙ୍କାକୁ ସାଇତି ରଖିଲା । ତା ପର ଦିନ ପୁଣି ସକାଳ ୧୦ ଟା ବେଳକୁ କାଗଜ ଠୁଙ୍ଗାରେ ଥିବା ଟଙ୍କାକୁ ଅତି ଯତ୍ନରେ ଗାମୁଛାରେ ବାନ୍ଧି, ଦାଶ ବାବୁଙ୍କ ଘର ଆଡ଼ିକି ଚାଲିଲା । ଡୁଙ୍ଗୁରୁ ରହୁଥିବା ଜାଗାରୁ ଦାଶ ବାବୁଙ୍କ ଘର ପ୍ରାୟ ୧୫-୧୬ କିଲୋ ମିଟର ହେବ । ସେ ସାଇକେଲ୍ ଟେ ଧରି ଦାଶ ବାବୁଙ୍କ ଘରେ ପହଞ୍ଚିଗଲା । ଦାଶ ବାବୁ ତା ହାତରେ ଥିବା ଠୁଙ୍ଗାକୁ ଦେଖି ଖୁସି ହୋଇଗଲେ । ଅତି ଭରସାରେ ଡୁଙ୍ଗୁରୁ ଟଙ୍କା ଠୁଙ୍ଗାକୁ ଦାଶ ବାବୁଙ୍କ ହାତକୁ ବଢ଼ାଇ ଦେଲା । ଦାଶ ବାବୁ ସାଙ୍ଗେ ସାଙ୍ଗ ଟଙ୍କାକୁ ଡୁଙ୍ଗୁରୁ ହାତରୁ ନେଇ ଯତ୍ନରେ ଘର ଭିତରେ ରଖି ଚାଲିଆସି କହିଲେ, *"ଏଠି ବସ୍ । ମୁଁ ଲାପଟପ୍ ନେଇକି ଆସେ ।"*

ଦାଶ ବାବୁ ଲାପଟପ୍ ନେଇକି ଆସିଲେ । ସେଇ ସାଇଟ୍ ଖୋଲା ହେଲା । ଦାଶ ବାବୁ ଗୋଟି ଗୋଟି କରି ସବୁ ତଥ୍ୟ ଭରି ଭରି ଚାଲିଲେ । କିନ୍ତୁ କୁସୁମର ଜନ୍ମ ତାରିଖ ଓ ବର୍ଷ ପାଖରେ ଆସି ଅଟକି ଗଲେ... ପଞ୍ଜୀକରଣ କରିପାରିବା

ବୟସ ଠାରୁ କୁସୁମର ବୟସ ଅଧିକ ହୋଇ ଯାଉଥିବାରୁ ପଞ୍ଜୀକରଣ ଆଉ ହୋଇ ପାରିଲା ନାହିଁ ।

ସେଇଠି ଦାଶ ବାବୁ ଅଟକି ଯାଇ କହିଲେ, "ଯା ! ଆଉ ହେବ ନାହିଁ । ତୋ ଝିଅର ବୟସ ପ୍ରଥମ ଶ୍ରେଣୀରେ ନାମ ଦାଖଲ ଲାଗି ସାଢେ ଚାରି ମାସ ଅଧିକ ହୋଇ ଯାଉଛି । ସେଥିଲାଗି ତୋ ଝିଅର ବୟସ ପଞ୍ଜୀକରଣ ହୋଇ ପାରୁ ନାହିଁ । ବୟସ ପଞ୍ଜୀକରଣ ନ ହେଲେ ତା' ପଞ୍ଜୀକରଣ ପ୍ରକ୍ରିୟା ଆଉ ଆଗକୁ ଯାଇ ପାରିବ ନାହିଁ । ସିଏ ଏଇ ଶିକ୍ଷା ଯୋଜନାରେ ଆଉ ପଞ୍ଜୀକରଣ କରି ପାରିବ ନାହିଁ । ଆଉ ପଞ୍ଜୀକରଣ ନ କରିଲେ ତୋ ଝିଅର ଇଂଲିଶ୍ ସ୍କୁଲ୍ ରେ ନାମ ଲେଖା ଅସମ୍ଭବ । ବିନା ପଞ୍ଜୀକରଣରେ ମୁଁ ବି କିଛି କରିପାରିବି ନାହିଁ ।"

ଏହା ଶୁଣି, ଡୁଙ୍ଗୁରୁର ଗୋଡ଼ ତଳୁ ମାଟି ଖସି ଗଲା । ସେ ଏବେ କ'ଣ କରିବ, କିଛି ବୁଝି ପାରୁ ନଥାଏ । ଏଣେ ୨୦,୦୦୦ ଟଙ୍କା ଦେଇସାରିଲାଣି । ଅତି ଅସହ୍ୟ ଓ କାକୁତିଭରା ଚାହାଣିରେ ଦାଶ ବାବୁଙ୍କୁ ଚାହିଁ କହିଲା, "ବାବୁ ଏବେ କ'ଣ କରିବି ? ମୋ ଝିଅ କେମିତି ଇଂଲିଶ୍ ସ୍କୁଲ୍ ରେ ପଢିବ ? ଆପଣ କିଛି କରନ୍ତୁ ବାବୁ । ମୁଁ ତ ଅଳ୍ପ ଶିକ୍ଷିତ ଆଦିବାସୀ ଲୋକ ଟିଏ । ମୁଁ କ'ଣ ଯେ ଆଉ କରି ପାରିବି ।"

"ହଁ! ଗୋଟେ ବାଟ ଅଛି, ଯଦି ତୁ ତୋ ଝୁଆକୁ କାଣୀ କି ଛୋଟୀ କରି ଦେଉ, ବା ତୋ ଝିଅକୁ କାଣୀ କି ଛୋଟୀ ସାବ୍ୟସ୍ତ କରାଯାଇପାରିବ, ତେବେ ଭିନ୍ନକ୍ଷମ ବର୍ଗରେ ତା'ର ପଞ୍ଜୀକରଣ ହୋଇ ପାରିବ । ସେତେବେଲେ ଆଉ କିଛି ଅସୁବିଧା ହେବ ନାହିଁ । ତୁ ଏବେ ଯା, ମୁଁ ଯାହା କହିଲି, ସେଇଟା କରିକି ଆସିବୁ । ମୁଁ ତୋର କାମ କରି ଦେବି । ଚିନ୍ତା କରନା ।"

ଏହା କହି, ଦାଶ ବାବୁ ଘର ଭିତରକୁ ଚାଲିଗଲେ । ଦୁଙ୍ଗୁରୁ ଆଖ୍ ସାମନାରେ ଅନ୍ଧକାର ଖେଲି ଗଲା । କିଛି ସମୟ ସେଇଠି ବସି, ତା ପରେ ଉଠି ଘରକୁ ଆସିଲା । ୨୦,୦୦୦ ଟଙ୍କା ଗଲା ଓ ପଞ୍ଜୀକରଣ ମଧ ହୋଇ ପାରିଲା ନାହିଁ । ଘରକୁ ଆସି ଥମ୍ କରି ବସି ପଡିଲା । ମହୁଲକୁ ଦେଖ୍ ଦୁଙ୍ଗୁରୁ ଭୋ-ଭୋ କରି କାନ୍ଦିବାକୁ ଲାଗିଲା ଓ ସବୁ କଥା ମହୁଲକୁ ଗୋଟି ଗୋଟି କରି କହିଲା ।

ମହୁଲ ସବୁ କଥା ଶୁଣି ମୁଣ୍ଡରେ ହାତ ଦେଇ କହିଲା, "ଆଉ ! ଆମ କୁସୁମ ଆଉ ଇଂଲିଶ୍ ସ୍କୁଲ୍ ରେ ପଢ଼ିବା ଦରକାର ନାହିଁ । ତୁମେ ସବୁ ଦିନ ଏତେ ହଇରାଣ ହେଉଛ । କିଏ କହୁଛି ଆଜି ଆସ, କାଲି ଆସ, ଏଇଟା ଦରକାର, ସେଇଟା ଦରକାର । ଏଇଠି ଗୋଟେ ପ୍ରହସନ ଲଗେଇଛନ୍ତି । କିଛି ଦରକାର ନାହିଁ ।

ଆମେ ଆଦିବାସୀ ଲୋକ, ଆମେ ଖଟିଖିଆ । ଆମକୁ କିଏ ପଚାରେ ? ଆମର କେତେ ବା ମୂଲ୍ୟ? ଆମ ପାଇଁ ସବୁ ରାଷ୍ତାରେ କଣ୍ଟା । ଆମେ ବା ପାଠ ପଢ଼ି ସତରେ କ'ଣ କରି ପାରିବା ଯେ? ତା ଠାରୁ ଭଲ ମୁଁ କୁସୁମକୁ ଘର କାମ ଶିଖେଇ ଦେଉଛି, ଯେମିତି ସେ ଦୁଇ ଘରେ କାମ କରି କିଛି ପଇସା ରୋଜଗାର କରିପାରିବ । ଆମର ପାଠ ପଢ଼ିବା ଦରକାର ନାହିଁ, କି ଯ଼ା ତା ଗୋଡ଼ ଧରିବା ମଧ ଦରକାର ନାହିଁ ।"

ମହୁଲର କଥା ସରିଛି କି ନାହିଁ, ଦୁଙ୍ଗୁରୁ ରାଗିକି ମହୁଲକୁ କହିଲା, "ତୁ କ'ଣ କହିଲୁ, ମୋ ଝିଅ ପାଠ ନ ପଢ଼ି କାହା ଘରେ କାମ କରିବ ? ମୁଁ ବଞ୍ଚି ଥାଉ ଥାଉ, ମୋ କୁସୁମ କାହା ଘରେ ଅଇଁଠା ବାସନ ମାଜିବ ? ଯାହା ବି ହୋଇଯାଉ ନା କାହିଁକି, ମୁଁ ମୋ ଝିଅକୁ ଇଂଲିଶ୍ ସ୍କୁଲ୍ ରେ ପଢ଼େଇବି । ତୁ, କି ମା' ହୋଇଛୁ କେଯାନେ । ଝିଅର ଭବିଷ୍ୟତ କଥା ଚିନ୍ତା ନ କରି ତାକୁ କାହା ଘରେ କାମ କରିବାକୁ କହୁଛି । ତୁ ଚାହୁଁଛୁ କୁସୁମ ଆମ ଭଳି ଦୁଃଖ କଷ୍ଟ ପାଉ ବୋଲି ?"

"ମୁଁ ମା' ହେବା ଆଗରୁ, ପ୍ରଥମେ ତୁମର ସ୍ତ୍ରୀ । ମୁଁ ସ୍ତ୍ରୀ ହୋଇ ତୁମର ଏତେ ଦୁଃଖ ଓ କଷ୍ଟ ଦେଖି ପାରୁନି । ଆମ ଲାଗି ତୁମେ ଦିନ ରାତି କାମ କରୁଛ । ଦୁଇଟା ଝିଅ ହେଲା ବୋଲି ଗାଁ ଓ

ଘର ଲୋକେ ନିନ୍ଦା ଅପବାଦ ଦେଇ ତଡ଼ିଦେଲେ । ତୁମେ କିନ୍ତୁ ସେତେବେଳେ ଆମର ସାହସ ହୋଇ ଆମ ପାଖରେ ଠିଆ ହେଲ । ସମସ୍ତଙ୍କ ଭଳିଆ ଆମକୁ ପର କରିଦେଲ ନାହିଁ । ଆମ ଲାଗି ତୁମକୁ ତୁମର ଘର ପରିବାର ସବୁ ଛାଡ଼ିବାକୁ ପଡ଼ିଲା । ତୁମେ ଆମ ପାଇଁ କ'ଣ ନ କରୁଛ? ଆମେ କିନ୍ତୁ ତୁମ ଲାଗି କିଛି କରି ପାରୁ ନାହୁଁ । ସେଇଆ ଭାବି ଭାରି ଦୁଃଖ ଲାଗୁଛି । ବିଷ ଖାଇ ମରିଯିବାକୁ ଇଚ୍ଛା ହେଉଛି ।"

ଏହା କହି ଭୋ ଭୋ କରି କାନ୍ଦି ମହୁଲ ରୋଷେଇ ଘରକୁ ଚାଲିଗଲା । ସବୁ କଥା କୁସୁମ ଓ ଲତା ମଧ ଦେଖୁ ଥା'ନ୍ତି ଓ ଶୁଣୁ ଥା'ନ୍ତି । କୁସୁମ ଦୌଡ଼ି ଆସି ତୁଙ୍କୁର ଆଖିରୁ ବୋହି ଯାଉଥିବା ଲୁହକୁ ପୋଛି ଦେଇ କହିଲା, "ବାପା, ତୁମେ ଜମା ବ୍ୟସ୍ତ ହୁଅ ନା । ମୁଁ ବଡ଼ ହୋଇ ପୁଲିସ୍ ଚାକିରୀ କରିବି, ଆଉ ଯେଉଁ ମାନେ ତୁମକୁ ହଇରାଣ କରି ତୁମ ଠାରୁ ପଇସା ନେଇ ଯାଉଛନ୍ତି, ସମସ୍ତଙ୍କୁ ଜେଲ୍ ରେ ପୁରେଇ ଦେବି । ମୋ ବାପା ଠାରୁ ପଇସା ସିଏ କାହିଁକି ନେଇ ଗଲେ?" କୁସୁମ କୁ କୁଣ୍ଢେଇ ତୁଙ୍କୁର ଭୋ ଭୋ କରି କାନ୍ଦିଲା । କହିଲା "ଝିଅ, ତୁ ଜମା ବ୍ୟସ୍ତ

ହଁ ନା । ସବୁ ଠିକ୍ ହେଇଯିବ । ତୁ ପଢ଼ିବୁ, ନିଶ୍ଚୟ ପଢ଼ିବୁ, ଆଉ ସେଇ ଭଲ ସ୍କୁଲ୍ ରେ ପଢ଼ିବୁ । "

ଦିନେ, ଡୁଙ୍ଗୁରୁ କାମକୁ ଗଲା ପରେ, ହଠାତ ଡୁଙ୍ଗୁରୁ ଘର ସାମ୍ନାରୁ ମହୁଲ ଓ କୁସୁମର ଜୋର ଜୋର ପାଟି ଶୁଣାଗଲା । କୁସୁମ ଜୋର ଜୋରରେ କାନ୍ଦୁ ଥାଏ । ଚିତ୍କାର କରି କହୁଥାଏ, "ମା' ମୋତେ ମାର ନା । ମୁଁ କ'ଣ କରିଛି ଯେ ?" ବିଚରା କୁସୁମର କରାଳ ଚିତ୍କାର ଶୁଣି, ପିଙ୍ଗୁଆର ସ୍ତ୍ରୀ ଦୌଡ଼ିକି ଆସିଲା । ଆସି ଦେଖିଲା ବେଳକୁ, ମହୁଲ କୁସୁମକୁ ନିର୍ଧୁମ୍ ପିଟୁଛି । କୁସୁମ ତଳେ ଗଡ଼ି ପଡିଛି ଓ ମହୁଲ ତାକୁ ପିଟି ଚାଲିଛି ।

"ହେ! ମହୁଲ ରହ ରହ । କ'ଣ ଛୁଅଟାକୁ ପିଟି ପିଟି ମାରି ଦେବୁ ନା କ'ଣ ? କି ମା' ହୋଇଛୁ ଯେ, ଛୁଅଟାକୁ ଏମିତି ନିର୍ମମ ଭାବରେ ମାରି ଚାଲିଛୁ ? ଟିକିଏ ଦୟା ବି ଲାଗୁନି । ଏମିତି କି ଭୁଲ୍ ସେ କରିଲା ଯେ, ତୁ ତାକୁ ପିଟି ପିଟି ମାରିଦେବାକୁ ବାହାରିଛୁ ?" ଏହା କହି ପିଙ୍ଗୁଆ ସ୍ତ୍ରୀ କୁସୁମକୁ ଚାଣି ଆଣିଲା ଓ ମହୁଲକୁ ଠେଲି ପକାଇଲା ।

ମହୁଲ, ପିଙ୍ଗୁଆ ସ୍ତ୍ରୀକୁ ଦେଖି କାନ୍ଦିବା ଆରମ୍ଭ କରି ପକାଇଲା । କହିଲା, "ଅପା, ମୁଁ ତାକୁ ପିଟି ପିଟି ତା ଗୋଡ଼ ଛୋଟ କରିଦେବି । ତା ଗୋଡ଼ ଛୋଟା ହୋଇଗଲେ ସବୁ ଅସୁବିଧାର ସମାଧାନ ହୋଇଯିବ ।"

ତାକୁ ଶୁଣି ପିଙ୍ଗୁଆ ସ୍ତ୍ରୀ କହିଲା, "ତୁ କ'ଣ ପାଗଳ ହୋଇ ଯାଇଛୁ ! କି ଅସୁବିଧା ଯେ, ତା ଗୋଡ଼ ଛୋଟ କରିଦେଲେ ଅସୁବିଧାର ସମାଧାନ ହୋଇଯିବ । ନା ଆହୁରି ଅସୁବିଧା ଆଗକୁ ହେବ? ଏମିତି କି କଥା ହୋଇଛି ଯେ ତୁ ଏ କଅଁଳିଆ ପିଲାଟାକୁ ପଶୁ ଭଳିଆ ମାରୁଛୁ? ଦେଖିଲୁ କେମିତି ନିରୀହ ଭାବରେ ତତେ ଚାହିଁଛି? କ'ଣ ହେଇଛି କହ ମହୁଲ । କାହିଁକି ଏମିତି ରାକ୍ଷାସୀ ଭଳିଆ ହଉଛୁ? ତୁ ତ ଏମିତି ନଥିଲୁ । ପିଲା ଦୁଇଟାକୁ କେତେ ଭଲ ପାଉ, କେତେ ଯତ୍ନ ନେଉ । ହଠାତ ଏମିତି କ'ଣ ହେଲା ଯେ ତୁ ଏତେ କଠୋର ହେଇଯାଇଛୁ? ଚାଲ, ଚାଲ...। ସମସ୍ତେ ଘର ଭିତରକୁ ଚାଲ । ଏଠି ବସ । ମୁଁ ଟିକିଏ ପାଣି ନେଇକି ଆସେ । ନେ ମହୁଲ ପାଣି ଟିକିଏ ପିଇ ଦେ । କୁସୁମ ତୁ ବି ଟିକିଏ ପିଇ ଦେ । ମୋତେ ଟିକିଏ କହିଲୁ ଲୋ। କ'ଣ ହୋଇଛି ।"

ପିଙ୍ଗୁଆ ସ୍ତ୍ରୀ କଥାର ଜବାବରେ ମହୁଲ କହିଲା, ''ଅପା, ତୁମେ ତ ଜାଣିଥିବ କୁସୁମର ଇଂଲିଶ୍ ସ୍କୁଲ୍ ରେ ନାମ ଲେଖା ଲାଗି କୁସୁମର ବାପା କେତେ କ'ଣ କରୁଛନ୍ତି । ଟଙ୍କା ୨୦,୦୦୦ ବି ଗଲାଣି । ସେଥିରେ ତୁମ ଠାରୁ ଧାର ନେଇଥିବା ୫୦୦୦ ଟଙ୍କା ବି ଥିଲା । ଆମେ ଭାବିଥିଲୁ, ଟଙ୍କା ଦେଲା ପରେ ସେଇ ବାବୁ ଜଣକ କୁସୁମର ପଞ୍ଜୀକରଣ କରି ଦେବେ ବୋଲି । ସେ ଏବେ କହୁଛନ୍ତି ଯେ ଆମ କୁସୁମର ବୟସ ଅଧିକ ହେଇଯାଇଛି ଓ ତା'ର ନାମ ପଞ୍ଜୀକରଣ କରାଯାଇପାରିବ ନାହିଁ । ପଞ୍ଜୀକରଣ ନ ହେଲେ ଇଂଲିଶ୍ ସ୍କୁଲ୍ ରେ ନାମ ଲେଖା ବି ହୋଇ ପାରିବ ନାହିଁ । ସେଥି ଲାଗି ବାବୁ ଜଣକ କହିଲେ ଯେ, ଯଦି ତୁମ ଝିଅ ଛୋଟୀ କି କାଣୀ ହେବାର ଏକ ଭିନ୍ନକ୍ଷମ ସାର୍ଟିଫିକେଟ ଆଣିପାରିବ, ତେବେ ଯାଇଁ ପଞ୍ଜୀକରଣ ହୋଇପାରିବ । ସେଥିଲାଗି କୁସୁମର ବାପା ବହୁତ ଚିନ୍ତାରେ ରହୁଛନ୍ତି । ଠିକ୍ ରେ ଖାଉ ନାହାନ୍ତି, ପିଉ ନାହାନ୍ତି କି ଶୋଉ ନାହାନ୍ତି । ତାଙ୍କ ଦୁଃଖ ଆଉ ଦେଖି ହେଉ ନାହିଁ । କେତେ କଷ୍ଟ କରି ଖାଲ ବୁହାଇ ପଇସା ଯୋଗାଡ଼ କରୁଛନ୍ତି, ଝିଅ ମାନଙ୍କର ପାଠ ପଢ଼ା ଲାଗି । ସେଥିରୁ ୨୦,୦୦୦ ଟଙ୍କା ପଲେଇଲା, କିନ୍ତୁ ଏପର୍ଯ୍ୟନ୍ତ କିଛି ହୋଇ ନାହିଁ । ଯଦି କୁସୁମ ଛୋଟୀ ହୋଇ ଯାଏ, ତେବେ ତା'ର ପଞ୍ଜୀକରଣ ବି ହୋଇ ପାରିବ ଓ ଇଂଲିଶ୍

ସ୍କୁଲ୍ ରେ ନାମ ଲେଖା ବି ହୋଇ ପାରିବ । ସେଥି ଲାଗି ମୁଁ ଅନ୍ୟ କୌଣସି ବାଟ ନ ପାଇ, ଛାତିରେ ପଥର ରଖି, ମୋ କଲିଜାର ଖଣ୍ଡକୁ ମାରି ମାରି ଛୋଟୀ କରିଦେବି ବୋଲି ଭାବି ଏଇ କାନ୍ଦ କରୁଛି । ତୁମେ ଆଜି ନ ଆସିଥିଲେ ମୁଁ ତା ଗୋଡ଼ ଭାଙ୍ଗି ତାକୁ ଆଜୀବନ ଛୋଟୀ କରି, ପଙ୍ଗୁ କରି ଦେଇଥା'ନ୍ତି, ଓ ତାହା ଯଦି ନ ହୋଇ ଥା'ନ୍ତା ତେବେ ଅରଖ କ୍ଷୀର ଗୋଟେ ଆଖିରେ ପକାଇ ତାକୁ କାଣୀ କରି ଦେଇ ଥା'ନ୍ତି ।"

ମହୁଲ କଥା ଶୁଣି, ପିଙ୍ଗୁଆ ସ୍ତ୍ରୀ ମୁଣ୍ଡରେ ହାତ ଦେଇ କହିଲା, "ପାଗଳୀ, ତୁ କ'ଣ ବାୟା ହେଲୁ । ଏମିତି ସବୁ କିଏ କରେ ନା ଏମିତି କେଉଁଠି ହୁଏ? ଭିନ୍ନକ୍ଷମ ସାର୍ଟିଫିକେଟ ଲାଗି, ସରକାରୀ କାଗଜ ପତ୍ର କରିବାକୁ ହେବ । ସରକାରୀ ଡାକ୍ତରଖାନାରେ ପରୀକ୍ଷା ନିରୀକ୍ଷା କରାଯିବ । ଗୋଟେ କମିଟି ବସିବ । ସେଇ କମିଟି ପ୍ରମାଣ ପତ୍ର ଦେବ ଯେ ଜଣେ ବ୍ୟକ୍ତି କେତେ ଭିନ୍ନକ୍ଷମ । ତା' ପରେ ତାକୁ ଭିନ୍ନକ୍ଷମ ସାର୍ଟିଫିକେଟ ପ୍ରଦାନ କରାଯିବ । ଯଦି ସେଇ କମିଟି ରାଜି ନ ହେଲା, ତେବେ ଭିନ୍ନକ୍ଷମ ସାର୍ଟିଫିକେଟ ମିଳିବା ସମ୍ଭବ ନୁହେଁ । ଏହି ସବୁ ପ୍ରକ୍ରିୟା ଅଛି । ତୁ ମୂର୍ଖ ଭଳିଆ ପିଟି ପିଟି ଛୁଆର ଗୋଡ଼ ଭାଙ୍ଗି ଦେଲେ କ'ଣ ଛୋଟୀ ହେବାର ଭିନ୍ନକ୍ଷମ ସାର୍ଟିଫିକେଟ ମିଳିଯିବ ? ସେମିତି ହୁଏ ନାହିଁ ।"

"ହଁ ଅପା! ମୁଁ ତ ମୂର୍ଖ । ଏଇ ସବୁ କଥା କିଛି ଜାଣେ ନାହିଁ । ମୁଁ ଖାଲି କୁସୁମର ବାପା ମନରେ ଟିକିଏ ଶାନ୍ତି ଆଣିବାକୁ ଚାହୁଁଛି ଓ କୁସୁମକୁ ଇଂଲିଶ୍ ସ୍କୁଲ୍ ରେ ପାଠ ପଢ଼ାଇବାକୁ ଚାହୁଁଛି । ଯଦି ସରକାର ଆମ ଲାଗି ଏହି ଯୋଜନା କରିଛନ୍ତି, ତେବେ ଆମକୁ ତାହା ପାଇବାକୁ ଏତେ କଷ୍ଟ କାହିଁକି ହେଉଛି ? କାହିଁକି ଆମକୁ ଗରିବ ଆଦିବାସୀ କହି ହେୟ ଦୃଷ୍ଟିରେ ଦେଖା ହେଉଛି ? ଯଦି ସରକାରଙ୍କର ଦେବାର ନାହିଁ, କାହିଁକି ଏଇ ଯୋଜନା ଆରମ୍ଭ କରିକି ଆମକୁ ଅଯଥା ହଇରାଣ କରୁଛନ୍ତି ? କିଛି ତ ମିଳୁନି, ଓଲଟା ସରକାରୀ ବାବୁମାନେ ଆମକୁ ହଇରାଣ କରି ଆମର ପଇସା ଲୁଟି ନେଇ ଯାଉଛନ୍ତି । ଆମେ ଗରିବ, କିନ୍ତୁ କାହା ପଇସା ଆମେ ମାରି ଖାଇବା କଥା ଭାବି ପାରୁନା । ହେଲେ ମୁଁ ଏବେ କ'ଣ କରିବି, ଅପା? କିଛି ବୁଝିପାରୁନି । କୁସୁମର ବାପା କେତେ ଚିନ୍ତାରେ ରହୁଛନ୍ତି । ଆଦିବାସୀ ଗରିବ ହୁଆ ହୋଇ ପାଠ ପଢ଼ିବା କ'ଣ ଭୁଲ, ନା ଆଦିବାସୀ ଗରିବ ବାପା ମା' ହୋଇ ନିଜ ପିଲାକୁ ଭଲ ଜାଗାରେ ଭଲ ପାଠ ପଢ଼ାଇବା ଭୁଲ ? ମୁଁ କିଛି ଭୁଲ୍ ଠିକ୍ ର ହିସାବ କରି ପାରୁ ନାହିଁ ।"

ଏହା ଶୁଣିବା ପରେ ପିଙ୍ଗୁଆର ସ୍ତ୍ରୀ ମହୁଲକୁ କହିଲା, "ମହୁଲ, ଶୁଣ । ମୁଁ ତତେ ଗୋଟେ କଥା କହୁଛି । ଆମର ଏଇଠି ମୋର ଜଣେ ଲୋକ ଚିହ୍ନା ଅଛନ୍ତି, ଯିଏ ସରକାରୀ ଡାକ୍ତରଖାନାରେ

ପିଅନ କାମ କରନ୍ତି । ଚାଲ ତାଙ୍କ ପାଖକୁ ଯିବା । ତାଙ୍କୁ ଯାଇ ପଚାରିବା ।"

ଏହା କହି ପିଙ୍ଗୁଆର ସ୍ତ୍ରୀ ଉଠି ଠିଆ ହୋଇଗଲା । ମହୁଲ ଓ ପିଙ୍ଗୁଆ ସ୍ତ୍ରୀ ଯାଇ ସେଇ ବ୍ୟକ୍ତିଙ୍କ ଘରେ ପହଞ୍ଚିଗଲେ । ସେଇ ବ୍ୟକ୍ତି ଜଣଙ୍କ ଡାକ୍ତରଖାନା ବାହାରୁ ଥା'ନ୍ତି । 'ପରେ ସନ୍ଧ୍ୟା ବେଳକୁ ଆସ' କହି, ସେ ଡାକ୍ତରଖାନା ବାହାରି ଗଲେ । କୁସୁମ ଏବେ ସନ୍ଧ୍ୟା ହେବାକୁ ଅପେକ୍ଷା କରିଥାଏ । ସନ୍ଧ୍ୟା ହେଲା । ଦୁଇ ଛୁଆକୁ ଦୁଙ୍ଗୁରୁ ପାଖରେ ଛାଡ଼ି ଦେଇ, ପିଙ୍ଗୁଆ ସ୍ତ୍ରୀ ପାଖରେ କିଛି କାମ ଅଛି କହି ମହୁଲ ବାହାରି ଗଲା । ପିଙ୍ଗୁଆ ସ୍ତ୍ରୀ ଓ ମହୁଲ ଯାଇ ସେଇ ବ୍ୟକ୍ତିଙ୍କ ପାଖରେ ପହଞ୍ଚିଗଲେ ।

ମହୁଲ ଥର ଥର କଣ୍ଠରେ କହିଲା, "ମୋ ଝିଅ ଲାଗି ଗୋଟେ ଭିନ୍ନକ୍ଷମ ସାର୍ଟିଫିକେଟ' ଦରକାର । ସେଇଟା ହେଲେ ଯାଇ ମୋ ଝିଅ ସ୍କୁଲ୍ ରେ ନାମ ଲେଖାଇ ପାରିବ । ମୋତେ ଆପଣ ଟିକିଏ ସାହାଯ୍ୟ କରନ୍ତୁ । ମୁଁ ଆପଣଙ୍କର ଚିର ରୁଣୀ ରହିବି ବାବୁ !"

ମହୁଲ କଥାରେ ସେଇ ବ୍ୟକ୍ତି ଜଣକ ପଚାରିଲେ, "ତୁମ ଝିଅ କ'ଣ କାଣୀ, କୁଜି, ଛୋଟୀ ବା ଅନ୍ୟାନ୍ୟ ଶାରୀରିକ ବ

ମାନସିକ ଅସୁବିଧା କିଛି ଅଛି କି?" ବ୍ୟକ୍ତିଙ୍କ କଥାରେ ମହୁଲ କହିଲା, "ନାହିଁ ଆଜ୍ଞା! ମୋ ଝିଅର କିଛି ଅସୁବିଧା ନାହିଁ । ସିଏ ଶାରୀରିକ ଓ ମାନସିକ ଭାବରେ ସୁସ୍ଥ । ହେଲେ ମୋତେ ଗୋଟେ ଭିନ୍ନକ୍ଷମ ସାର୍ଟିଫିକେଟ ଦରକାର । ଆପଣ କିଛି ବାଟ ବାହାର କରନ୍ତୁ ।"

ମହୁଲ କଥାରେ ବ୍ୟକ୍ତି ଜଣକ ହସିଲେ ଓ କହିଲେ, "ଭିନ୍ନକ୍ଷମ ସାର୍ଟିଫିକେଟ୍ ଏମିତି ମିଳେନା । ହଁ, ଭିନ୍ନକ୍ଷମ ସାର୍ଟିଫିକେଟ୍ ବାହାର କରିହେବ, ଯଦି ଡାକ୍ତର ବାବୁ ଲେଖି କରି ଦେଇ ଦିଅନ୍ତି ଯେ ତୋ ଝିଅ ଆଖିକୁ କମ ଦେଖା ଯାଉଛି । କିନ୍ତୁ ଏଥିପାଇଁ ତୋତେ ଡାକ୍ତରଖାନା ଆସିବାକୁ ହେବ । ଡାକ୍ତର ବାବୁଙ୍କୁ ଦେଖାଇବାକୁ ପଡିବ, ଓ ତାହା ଲାଗି ଡାକ୍ତରବାବୁ ଓ ମୋତେ କିଛି ଟଙ୍କା ଦେବାକୁ ହେବ ।"

"କେତେ ଟଙ୍କା ଦରକାର", ପଚାରିଲା ମହୁଲ ।

"ଦେଖ, ଡାକ୍ତରଙ୍କର ୫୦୦୦ ଟଙ୍କା ଓ ମୋର ୨୦୦୦ ଟଙ୍କା । ଏତିକି ଦେଲେ ତୋର କାମ ହୋଇଯିବ । ସପ୍ତାହକୁ ଗୋଟିଏ ଦିନ, ଗୁରୁବାର କୁ କେବଳ ଏଇ କାମ ହୁଏ । ଆଉ କାଲି ହେଲା ଗୁରୁବାର । ତୁ ଝିଅକୁ ନେଇ ଦିନ ୧୧ ଟା

ବେଳକୁ ଡାକ୍ତରଖାନା ପହଞ୍ଚି ଯା' । ଡାକ୍ତର ରିପୋର୍ଟ ଲେଖିକି ଦେଇ ଦେବେ । ତା ପରେ କମିଟି ବସିବ, ଆଉ ୧୦-୧୫ ଦିନ ଭିତରେ ସାର୍ଟିଫିକେଟ୍ ବାହାରି ଯିବ ।"

ସେଇ ବ୍ୟକ୍ତିଙ୍କ କଥା ଶୁଣି ମହୁଲ ଟିକିଏ ଆଶ୍ୱସ୍ତ ହୋଇ ଘରକୁ ଫେରିଲା । ଘରକୁ ଫେରି ମହୁଲ ସବୁ କଥା ଡୁଙ୍ଗୁରୁକୁ କହିଲା । ଡୁଙ୍ଗୁରୁ ସବୁ ଶୁଣି ସାରି କହିଲା, "ମୋର ଆଉ କାହା ଉପରେ ବିଶ୍ୱାସ ହେଉ ନାହିଁ । ଯଦି ଆଖିକୁ କମ ଦେଖା ହେଉଛି କହି ଆମେ ସାର୍ଟିଫିକେଟ୍ ବାହାର କରିବା ଓ ତା' ପରେ ଦାଶ ବାବୁ ଯଦି କହିବେ ଏଇଟା ଚଳିବନି, ତେବେ କ'ଣ ହେବ ? ସେଥିଲାଗି ମୁଁ ଆଗେ, କାଲି ଯାଇ ଦାଶ ବାବୁଙ୍କୁ ପଚାରି ବୁଝିବି, ଯେ ସେଇ ସାର୍ଟିଫିକେଟ୍ ଚଳିବ କି ନାହିଁ । ଯଦି ସିଏ ରାଜି ହେବେ, ତେବେ ଯାଇ ଆମେ ସାର୍ଟିଫିକେଟ ବାହାର କରିବା ।"

ସ୍ୱାମୀ ସ୍ତ୍ରୀ ଦୁହେଁ ସମାନ କଥାରେ ରାଜି ହେଲେ । ଏତିକି କହି ମହୁଲ କୁସୁମ ପାଖକୁ ଗଲା ବେଳକୁ, ଦେଖିଲା କୁସୁମ ମାଡ଼ ଖାଇ ତାକୁ ଜୋର ଜ୍ୱର ଆସି ଯାଇଛି । ଛୁଆଟା ପୁରା ଡରି ଯାଇଛି । ଗୋଡ଼ ଦୁଇଟା ଖଣ୍ଡିଆ ଖାବରା ହୋଇ, ଟିକିଏ ଫୁଲି ମଧ ଯାଇଛି । କିନ୍ତୁ ଛୁଆଟା ମଧ ବାପା ମା'ଙ୍କ କଷ୍ଟ ଦେଖି ନିଜ

କଷ୍ଟ କାହାରିକୁ କହୁ ନଥାଏ । ଚୁପ୍ କରିକି ସେଇ ମାଡାମ୍ ଦେଇଥିବା ଗୋଟେ ଗପ ବହିକୁ ପଢ଼ୁ ଥାଏ । ପଢ଼ୁ ପଢ଼ୁ କୁସୁମ ଶୋଇ ପଡ଼ିଲା ଓ ସେଦିନ ରାତିରେ ଆଉ କିଛି ଖାଇଲା ନାହିଁ । ମହୁଲର ମନ ବି ଜମା ଭଲ ଲାଗିଲା ନାହିଁ । ଅଯଥାରେ ଛୁଆଟାକୁ ଏତେ ବାଡ଼େଇଲା । ଏହା ଭାବି ଭାବି ସିଏ ବି ଆଉ କିଛି ନଖାଇ ଚୁପ୍ ଚାପ୍ ଯାଇ ଶୋଇ ପଡ଼ିଲା ।

ଠିକ୍ ଦା' ପର ଦିନ ସକାଳେ, ଦୁଙ୍ଗୁରୁ ଦାଶ ବାବୁଙ୍କ ଘରେ ପହଞ୍ଚିଗଲା । ତାକୁ ଦେଖିକି ଦାଶ ବାବୁ ରାଗିକି କହିଲେ, "ତୁ, ଏଠାକୁ କାହିଁକି ଆସିଲୁ ଏବେ? ତୁ ଏମିତି ମୋ ଘରକୁ ବାରମ୍ବାର ଆସିବୁ ନାହିଁ । ତୋତେ ମୁଁ ଯାହା କହିଥିଲି, ତାହା ହେଲା କି ନାହିଁ ? ତୋ ଝିଅର ଭିନ୍ନକ୍ଷମ ସାର୍ଟିଫିକେଟ୍ ବାହାର କରିଲୁ କି ? ମୂର୍ଖ ଆଦିବାସୀ, ମୁହଁ ଉଠେଇକି ମୋ ଘରକୁ ବାରମ୍ବାର ପଲେଇ ଆସୁଛି । ଥରକରେ କଥା କହିଲେ ଏଇ ଆଦିବାସୀ ଗୁଡ଼ାକ ପା ବୁଝିବେନି ! ଏଥିରେ ନା କ'ଣ ଛୁଆକୁ ଇଂଗିଲିଶ ମିଡ଼ିଅମରେ ପାଠ ପଢ଼େଇବ!"

ଦାଶ ବାବୁଙ୍କ ଚିକ୍କାରରେ ଡରି ଯାଇ ଦୁଙ୍ଗୁରୁ କହିଲା, "ବାବୁ, ମୁଁ ସେଇ ବିଷୟରେ ପଚାରିବାକୁ ଆସିଛି । ଆପଣ କହିଥିଲେ ମୋ

ଝିଅକୁ ଯଦି ଛୋଟୀ ସାବ୍ୟସ୍ତ କରିକି ଏକ ଭିନ୍ନକ୍ଷମ ସାର୍ଟିଫିକେଟ୍ ବାହାର କରାଯାଏ, ତେବେ ପଞ୍ଜୀକରଣ ହୋଇପାରିବ ଓ ତା ପରେ ଇଂଲିଶ୍ ସ୍କୁଲ୍ ରେ ନାଁ ଲେଖା ହୋଇ ପାରିବ । ହେଲେ ଯଦି ତାହା ନ କରି, ମୋ ଝିଅ ଆଖିକୁ କମ ଦେଖା ଯାଉଛି ବୋଲି ଏକ ଭିନ୍ନକ୍ଷମ ସାର୍ଟିଫିକେଟ ଆଣିବୁ, ତେବେ ତାହା କାମରେ ଲାଗିପାରିବ କି ନାହିଁ ସେତିକି ପଚାରିବାକୁ ଆସିଛି ? ଖାଲି ସେତିକି କହିଦେଲେ ମୁଁ ଆଜି ଯାଇ ସାର୍ଟିଫିକେଟ ଲାଗି ଆବେଦନ ପ୍ରକ୍ରିୟା ଆରମ୍ଭ କରି ଦେବି ।"

ଡୁଙ୍ଗୁରୁ କଥାରେ ଦାଶ ବାବୁ କହିଲେ "ହଁ,ହଁ , ସେଇ ଭିନ୍ନକ୍ଷମ ସାର୍ଟିଫିକେଟ୍ ମଧ ଚଳିବ । ତୁ ଯା, କରି ନେ । ଆଉ ହଁ ! ଏଥରକ କାମ ସାରି ଏଠାକୁ ଆସିବୁ । ପଚାଶ ଥର ପଚାଶଟା କଥା ଲାଗି ମୋ ଘରକୁ ଆସିବୁ ନାହିଁ । ଆମେ ବ୍ରାହ୍ମଣ ଲୋକ । ମୋ ସ୍ତ୍ରୀ ତୋତେ ଦେଖିଲେ ରାଗି ଯାଉଛି । "

ଏତିକି କହି ଦାଶ ବାବୁ ଘର ଭିତରକୁ ପଳେଇଲେ ଓ ଜୋରର୍ କରି ଘରର ଗ୍ରିଲ୍ ଦେଇ ଦେଲେ । ଡୁଙ୍ଗୁରୁ ଏକା ନିଃଶ୍ୱାସରେ ସାଇକେଲ୍ ଚଲେଇ ଘରକୁ ଆସିଲା ଓ ମହୁଲକୁ ସରକାରୀ

ଡାକ୍ତରଖାନା ଯିବା ଲାଗି ଧଇଁ-ସଇଁ ହୋଇ କହିଲା । ସ୍ୱାମୀ, ସ୍ତ୍ରୀ, ଦୁଇ ଛୁଆ ସମସ୍ତେ ଡାକ୍ତରଖାନା ଲାଗି ବାହାରିଲେ । ସାଇକେଲ୍ ଆଗରେ କୁସୁମ ବସିଲା ଓ ପଛ କେରିଅରରେ ମହୁଲ, ଲତାକୁ ଧରି ବସିଲା । ଦୁଙ୍ଗୁରୁ ୨୦ କିଲୋ ମିଟର ସାଇକେଲ୍ ଚଲେଇ ଡାକ୍ତରଖାନାରେ ପହଞ୍ଚିଲା । ସେଇ ଚିହ୍ନା ପିଅନ ମଧ ସେଠାରେ ଥାଏ । ଡାକ୍ତର ବାବୁଙ୍କ ନିକଟରେ ବହୁତ ବଡ଼ ଲାଇନ୍ ଥାଏ । ମହୁଲ ଦୁଇ ଛୁଆଙ୍କୁ ଧରି ଲାଇନ୍ ରେ ରହିଲା । ପ୍ରାୟ ଘଣ୍ଟେ ଲାଇନ୍ ରେ ରହିଲା ପରେ, ମହୁଲର ପାଲି ଆସିଲା । ମହୁଲ ଓ ଦୁଙ୍ଗୁରୁ, କୁସୁମକୁ ନେଇ ଭିତରକୁ ଗଲେ । ପିଅନ ଜଣକ ଡାକ୍ତରଙ୍କୁ ଆଗରୁ ସବୁ କଥା କହି ଦେଇଥିଲା । ଡାକ୍ତର ଖାଲି କେବଳ ଏକ ନିୟମ ଅନୁଯାୟୀ କୁସୁମକୁ ଅନୁଧାନ କରିଲେ ଓ କାଗଜ ଉପରେ କ'ଣ ସବୁ ଲେଖି ଗଲେ । ଗୋଟେ ଫର୍ମ ବାହାର କରିଲେ, ସେଥିରେ ମଧ କ'ଣ ସବୁ ଲେଖିଲେ । ତା ପରେ ଦୁଙ୍ଗୁରୁକୁ କହିଲେ ସେଥିରେ ଦସ୍ତଖତ କରିବାକୁ । ଦୁଙ୍ଗୁରୁ ଦସ୍ତଖତ କରିଲା ପରେ ସେଇ ଚିହ୍ନା ପିଅନ ଜଣକ ଆସି କହିଲେ, "କାମ ସରିଗଲା । ଏବେ ତୁମେ ଯା'ଅ । ୧୫ ଦିନ ପରେ ଆସି ବୁଝି ନେବ ତମ

ସାର୍ଟିଫିକେଟ ଆସିଲା କି ନାହିଁ।" ଏହା କହି ସିଏ ଡୁଙ୍ଗୁରୁ ଓ ମହୁଲକୁ ବାହାରକୁ ନେଇ ଗଲା। ବାହାରେ ଯାଇ ସିଏ ମହୁଲକୁ ପଇସା ମାଗିଲା। ମହୁଲ ପଇସା କାନିରେ ବାନ୍ଧିକି ଆଣି ଥିଲା। ୭,୦୦୦ ଟଙ୍କା ମହୁଲ ପିଅନ ହାତକୁ ବଢ଼ାଇ ଦେଲା ଓ ଚୁପ୍ ଚାପ୍ ସେଠାରୁ ବାହାରି ଆସିଲା। ସଞ୍ଜ ବେଳକୁ ସପରିବାର ଘରେ ପହଞ୍ଚିଲେ।

ରାତିରେ ଖାଇବା ବେଳେ ସ୍ୱାମୀ ସ୍ତ୍ରୀ ବସି କଥା ହେଉଥା'ନ୍ତି। ଡୁଙ୍ଗୁରୁ କହିଲା, "ଏଇ ଦୁନିଆ କେତେ ସ୍ୱାର୍ଥପର। ମଣିଷ ମଣିଷକୁ ଚିହ୍ନୁ ନାହିଁ। ମଣିଷ ମଣିଷର କାମରେ ଆସୁ ନାହିଁ। ମଣିଷପଣିଆର ଭାଷା ମଣିଷ ବୁଝୁ ନାହିଁ, କି କହି ମଧ ପାରୁ ନାହିଁ। ଆଜିକାଲି ସମସ୍ତେ ପଇସାର ଭାଷା କହୁଛନ୍ତି ଓ ବୁଝୁଛନ୍ତି। ଯାହା ପାଖରେ ପଇସା, ତା ପାଖରେ ସବୁ କିଛି ଅଛି ଓ ତା ପାଇଁ ସମସ୍ତେ ଅଛନ୍ତି। ଆମେ ଆଦିବାସୀ ଓ ଗରିବ ବୋଲି, ତା'ର ବୋଝ ଏବେ ଆମ ପିଲାଙ୍କ ଉପରେ ପଡ଼ିଲାଣି। ଏଇ ସମାଜରେ ନ୍ୟାୟ ବୋଲି ଆଉ କିଛି ଅଛି କି ନାହିଁ, ମୁଁ ଜାଣି ପାରୁ ନାହିଁ। ଆମ ଗରିବ ଲୋକଙ୍କ ଲାଗି ସବୁ ବାଟ ବନ୍ଦ। ସମସ୍ତେ ଭାବୁଛନ୍ତି ଆମେ କେଉଁ କାମର ନୁହନ୍ତି। ଆମ ନିଜ ଅଧିକାର ଲାଗି, ସମସ୍ତଙ୍କ ସାମ୍ନାରେ ଆମକୁ ହାତ

ପାଟିବାକୁ ପଡୁଛି । ଆମେ ଗରିବ, କିନ୍ତୁ ଅନ୍ୟମାନଙ୍କ ପାଖରେ ପଇସା ଥାଇ ମଧ ସେମାନେ ଆମ ପଇସାକୁ ଅନେଇ ବସିଛନ୍ତି ଓ ଅଧିକ ରୁ ଅଧିକ ପଇସା ପାଇବାର ଲୋଭ ମଧ କରୁଛନ୍ତି । ଅନେଇ ବସିଛନ୍ତି କେମିତି ଆମକୁ ଲୁଟି ନେବେ । ଆମକୁ ଲୁଟିବା ଏମିତିରେ ବି ସହଜ ! ହେଲେ ଆମର ଭୁଲ୍ କ'ଣ ? ଭୁଲ୍ କେବଳ ଏୟା ଯେ ଆମେ ଆଦିବାସୀ । ଭୁଲ୍ କେବଳ ଏୟା ଯେ ଆମେ ଗରିବ । ଭୁଲ୍ ଏୟା ଯେ ଆମେ ନିରୀହ । ଭୁଲ୍ ଏୟା ଯେ ଆମେ କାହାର ମନ୍ଦ ପାଞ୍ଚତି ନାହିଁ, କି କାହାକୁ ଠକି ପାରନ୍ତି ନାହିଁ । ଆମେ ଗରିବ ଖଟି ଖିଆ ଓ ସେମାନେ ଧନୀ ଠକି ଖିଆ । ମୋତେ ତ ଡର ଲାଗୁଛି ଯେ ଏଇ ଜଟିଳତା ଭିତରେ ମୁଁ ଯେମିତି ମୋର ମାନବିକତା ହରେଇ ନ ବସେ । ଆଉ ବେଳେ ବେଳେ ଲାଗୁଛି, ଶିକ୍ଷାର ମୂଲ୍ୟ କ'ଣ ? ଏଇ ବାବୁମାନେ ବା ଡାକ୍ତରମାନେ କ'ଣ ଶିକ୍ଷିତ ନୁହନ୍ତି କି? ହେଲେ ତାଙ୍କର ଶିକ୍ଷା କ'ଣ କହୁଛି ଯେ ଗୋଟେ ମଣିଷକୁ ଅମଣିଷ ଭାବରେ ବ୍ୟବହାର କରିବା ପାଇଁ? ଗୋଟେ ଅସହାୟକୁ ସାହାଯ୍ୟ ନକରି ତା ଅସହାୟତାର ଲାଭ ଉଠାଇବା ପାଇଁ ? ସେଇ ଶିକ୍ଷା କ'ଣ କହୁଛି କି ଜଣକୁ ସାହାଯ୍ୟ କରିବା ଲାଗି ତାକୁ ଲୁଟି ନେବା ପାଇଁ ? ଯଦି ଆଜିକା ଏଇ ଆଧୁନିକ ଯୁଗରେ ଶିକ୍ଷାର ମାନେ ବଦଳି ଗଲାଣି, ତେବେ ବେଳେ

ବେଳେ ଲାଗୁଛି କାହିଁକି ମୋ ପିଲାଙ୍କୁ ମୁଁ ଶିକ୍ଷିତ କରେଇବି ? ଶିକ୍ଷା ଯଦି ମଣିଷ ଠାରୁ ମାନବିକତା ଓ ମଣିଷପଣିଆ ଛଡ଼େଇ ନେଇ ଯାଉଛି ଓ ସରଳ ମଣିଷକୁ ଜଟିଳ ହେବାକୁ ବାଧ୍ୟ କରି ଦେଉଛି, ତେବେ ସେଇ ଶିକ୍ଷାର ଲାଭ କ'ଣ? ଶିକ୍ଷା ତ ଭଗବାନ । ହେଲେ ଆଜିକା ଶିକ୍ଷିତ ଲୋକମାନେ ଶିକ୍ଷାକୁ ବେପାର କରି ସାରିଲେଣି । ଶିକ୍ଷା ଆଜିକାଲି ଆମ ଗରିବଙ୍କ ଲାଗି ଏକ ମରୀଚିକା । ମୁଁ ସେଇ ମରୀଚିକା ପଛରେ ଦୌଡୁ ନାହିଁ ତ? ଯଦି ସେଇ ମରୀଚିକା ପଛରେ ଦୌଡ଼ି ଦୌଡ଼ି ମୁଁ ବାଟବଣା ହୋଇଗଲି, ତେବେ ମୋତେ କିଏ ବାଟକୁ ଆଣିବ ? ମହୁଲ, ମୁଁ ଏହି ସବୁ କଥା ଭାବି ଭାବି ସାହସ ହରା ହୋଇ ଯାଉଛି ରେ ! ଆମେ ଯାହା କରୁଛଛି ଠିକ୍ କରୁଛଛି ନା ଭୁଲ୍ କରୁଛତି ? ଆମ ଜୀବନ ଗୋଟେ ସଂଘର୍ଷ ହୋଇଗଲାଣି; ନିଜ ଅଧିକାର ପାଇବାର ସଂଘର୍ଷ, ନିଜେ ଠିକ୍ ବାଟରେ ରହିବାର ସଂଘର୍ଷ । ଆମେ ପାରିବା ତ ମହୁଲ ?"

ତୁଙ୍ଗୁର କଥା ଶୁଣି, ମହୁଲ କହିଲା, "ତୁମେ ଚିନ୍ତା କରନି । ଆମ ଜୀବନ ଏବେ ଏକ ସୁଡ଼ଙ୍ଗ ଭିତର ଦେଇ ଚାଲିଛି । ସେଥିଲାଗି ଅନ୍ଧାର ଲାଗୁଛି । ସୁଡ଼ଙ୍ଗ ଦିନେ ନା ଦିନେ ସରିବ ଓ ଆଲୋକ ଦେଖାଯିବ । ସେତେ ପର୍ଯ୍ୟନ୍ତ ଆମକୁ ଚାଲିବାର ଅଛି । ଅନ୍ଧାରେ ଅଟକି ଗଲେ ସୁଡ଼ଙ୍ଗର ମୁହଁ ପାଖରେ କେବେ

ବି ପହଞ୍ଚି ପାରିବା ନାହିଁ । ସୁଡ଼ଙ୍ଗ ବାହାରେ ଆମ ପିଲାଙ୍କର ଏକ ଉଜ୍ଜ୍ବଳ ଭବିଷ୍ୟତ ଅଛି ଓ ଆମ ଲାଗି ଏକ ରଙ୍ଗୀନ ଦୁନିଆ ଅଛି । କିଛିଟା ଲୋକ ଏଇ ରଙ୍ଗୀନ ଦୁନିଆରୁ ରଙ୍ଗ ଚୋରି କରିନିଅନ୍ତି, ହେଲେ ଏଇ ଦୁନିଆରେ ଭଲ ଲୋକ ମଧ୍ୟ ଅଛନ୍ତି, ଯିଏ ଏଇ ଦୁନିଆକୁ ରହିବା ଯୋଗ୍ୟ ମଧ୍ୟ କରୁଛନ୍ତି । ସୁଡ଼ଙ୍ଗ ଭିତରେ ନଈ ନଈଁ, ଅନ୍ଧାରରେ ଚାଲିବା ଟିକିଏ କଷ୍ଟ, ହେଲେ ଅସୁବିଧା ବେଳେ ଯିଏ ନଈ ଶିଖିଛି ସିଏ ହିଁ ପରେ ମୁଣ୍ଡ ଟେକି ବଞ୍ଚିଛି । ତୁମେ ଦେଖ଼ନ, ଯେତେବେଳେ ଝଡ଼ ଆସେ ଘାସ ଗଛ କେମିତି ମୁଣ୍ଡ ନୁଆଇଁ ବାଙ୍କି ଯାଏ । ସେଥିଲାଗି ଯେଉଁ ଗଛ ନଈ ପାରନ୍ତି ନାହିଁ ସେଇମାନେ ଝଡ଼ରେ ଭାଙ୍ଗି ମାଟିରେ ମିଶି ଯା'ନ୍ତି । କିନ୍ତୁ ବୁଦ୍ଧିମାନ ଘାସ, ଝଡ଼ ପରେ ସାହସର ସହିତ ମୁଣ୍ଡ ଟେକି ବଞ୍ଚି ଯାଏ । ଆମ ଜୀବନରେ ଏବେ ଝଡ଼ ଚାଲିଛି । ବଡ଼ ବଡ଼ ଗଛ ମାନେ ଏବେ ଆମକୁ ଘାସ ଭାବି ହେୟ କରୁଛନ୍ତି । ଆଉ ହଁ, ତୁମେ ଯେଉଁ ଶିକ୍ଷା ଓ ସେଇ ଶିକ୍ଷିତ ଲୋକଙ୍କ କଥା କହୁ ନଥିଲ କି, ମୁଁ ତୁମକୁ ଗୋଟେ କଥା କହିବି । ପ୍ରାୟତଃ ଦୁନିଆ ଆମକୁ ଅଳ୍ପ ପାଠୁଆ ବା ଅଶିକ୍ଷିତ ଭାବି ପାରେ, କିନ୍ତୁ ଆମେ ବି ବଞ୍ଚୁଛୁ, ଓ ଆମର ବି ଜୀବନକୁ ନେଇ ଅଭିଜ୍ଞତା ଅଛି । ଆମର ଶିକ୍ଷା କମ ଥାଇ ପାରେ, କିନ୍ତୁ ଆମର ଶିଖ଼ିବାର ସାହସ କିଛି କମ ନାହିଁ । ଆମ ଶିକ୍ଷା କମ ଥାଇ ପାରେ କିନ୍ତୁ

ଉପଲକ୍ଷ ଶିକ୍ଷାକୁ ଉଚିତ ଜାଗାରେ ଲଗେଇବାର ଦକ୍ଷତା ଆମ ପାଖରେ ଅଛି । ତୁମେ ଜମା ଚିନ୍ତା କରନି । ସବୁ ଠିକ୍ ହୋଇଯିବ । ଖାଲି ସାହସ ରଖ ଓ ନିଜ ଉପରେ ବିଶ୍ୱାସ ରଖ । ଆମେ ଯଦି କାହାରି ଖରାପ କରୁନାହାନ୍ତି, ଭଗବାନ ଆମର ବି କେବେ ଖରାପ କରିବେନି । ଆମର ଏବେ ସାହସ, ଧୈର୍ଯ୍ୟ ଓ ଦୃଢ଼ତାର ପରୀକ୍ଷା ଚାଲିଛି । ପରୀକ୍ଷାରେ ଉଭୀର୍ଣ୍ଣ ହେବାକୁ ହେଲେ ପରୀକ୍ଷା ତ ଦେବାକୁ ହେବ ନା ?" ଏହା କହି ମହୁଲ କେଡେ ସୁନ୍ଦର ଡୁଙ୍ଗୁରୁ କୁ ବୁଝେଇ ଦେଲା ଓ ତା'ର ସାହସ ବଢ଼େଇ ଦେଲା ।

ଏହା ଭିତରେ ୧୦-୧୨ ଦିନ ବିତି ଯାଇ ଥାଏ । ଡୁଙ୍ଗୁରୁ ଭାବିଲା ଡାକ୍ତରଖାନା ଯାଇ ବୁଝି ଆସିବ ଯେ, କୁସୁମର ଭିନ୍ନକ୍ଷମ ସାର୍ଟିଫିକେଟ୍ ଆସିଲା କି ନାହିଁ ବୋଲି । ଦିନେ କାମକୁ ଗଲା ବେଳେ, ସେଇ ବାଟରୁ ଡାକ୍ତରଖାନା ଭିତରେ ଯାଇ ବୁଝିଲା ବେଳକୁ ଜଣା ପଡିଲା ଯେ ଆଉ ଦୁଇ ଦିନ ଭିତରେ କୁସୁମର ଭିନ୍ନକ୍ଷମ ସାର୍ଟିଫିକେଟ୍ ଆସିଯିବ ବୋଲି । ଠିକ୍ ଦୁଇ ଦିନ ପରେ ଡୁଙ୍ଗୁରୁ, ଡାକ୍ତରଖାନରେ ଯାଇ ବୁଝିଲା ବେଳକୁ, ସାର୍ଟିଫିକେଟ୍ ଆସି ଯାଇଛି । ଖୁସିରେ ଡୁଙ୍ଗୁରୁ ସାର୍ଟିଫିକେଟ୍ ଆଣିଲା ଓ ମହୁଲକୁ ଦେଖାଇଲା ।

ସାର୍ଟିଫିକେଟ୍‍ ଦେଖି ମହୁଲ ଭାରି ଖୁସି ହୋଇ କହିଲା, ''ପୃଥିବୀର ବୋଧେ ଆମେ ପ୍ରଥମ ବାପା-ମା' ଯିଏ କି ନିଜ ସୁସ୍ଥ ଛୁଆକୁ ଭିନ୍ନକ୍ଷମ କରାଇଲେ ଓ ଛୁଆଟି ଭିନ୍ନକ୍ଷମ ବୋଲି ଆଇନଗତ ଭାବେ ସ୍ୱୀକୃତି ପାଇଲା ପରେ ଏତେ ଖୁସି ହେଉଛନ୍ତି । ପିଲାଙ୍କର କ'ଣ ଟିକିଏ ହେଲେ ମା' କୁ ଦୁଃଖ ଲାଗେ । ଦେଖିନ! ମୁଁ କି ମା' ଯେ ! ଆଜିଠାରୁ ମୋ ପିଲା ଦୁନିଆ ସାମନାରେ ଭିନ୍ନକ୍ଷମ ବୋଲାଇବ ଓ ମୁଁ କେତେ ଖୁସି ! ମୋତେ ତ ଲାଗିଲାଣି ଆମେ ବି ସବୁ ଗୋଟେ ଗୋଟେ ଭିନ୍ନକ୍ଷମ ପାଲଟି ଗଲେଣି । ଭିନ୍ନକ୍ଷମ ମାନେ ଅସୁବିଧା ଲାଗି ସୁବିଧା ଖୋଜନ୍ତି, ସେଥିଲାଗି ଭିନ୍ନକ୍ଷମ ସାର୍ଟିଫିକେଟ୍‍ ଦରକାର । ହେଲେ ଆମେ ସୁବିଧା ଲାଗି ଅସୁବିଧାକୁ ଆପଣେଇଲେ । ବିଚିତ୍ର ଲାଗୁଛି । ସାର୍ଟିଫିକେଟ ରେ କୁହାଯାଇଛେ ଯେ ମୋ ଝିଅ ଆଖିକୁ ଦେଖା ଯାଉନି, ଓ କାଲି ତାକୁ ସମସ୍ତେ କାଣୀ-କାଣୀ ବୋଲି କହି ପାରନ୍ତି । ହେଲେ, ମୁଁ ତା ମା' ହୋଇ ବି ବହୁତ ଖୁସି ।''

ମହୁଲ କଥାରେ ଦୁଙ୍ଗୁର କହିଲା, ''କାହିଁକି ମହୁଲ ଏ ସବୁ କଥା କହୁଛୁ ? ତୁ ପା ସେଦିନ ମୋତେ ସାହସ ଦେଉଥିଲୁ । ଆଉ ଆଜି ତ ସବୁ ଠିକ୍‍ ଚାଲିଛି । ଆମେ ଏବେ ସୁଡ଼ଙ୍ଗର ମୁହଁ ପାଖରେ ପହଞ୍ଚି ଗଲେଣି । ଅନ୍ଧକାର ଟୁଟିବାକୁ ଆଉ ଡେରି

ନାହିଁ । ମୁଁ କାଲି ସକାଲେ ଦାଶ ବାବୁଙ୍କ ପାଖକୁ ଯିବି ଓ ପଞ୍ଜୀକରଣ କରି ଆସିବି । ତା ପରେ ଆମ କୁସୁମ ଇଂଲିଶ୍ ସ୍କୁଲ୍ କୁ ଯିବ ।"

ପାଖରେ କୁସୁମ ଠିଆ ହୋଇ ଥାଏ । ସେ ଦୌଡ଼ି ଆସି ବୁଢ଼ୁରୁକୁ କୁଣ୍ଢେଇ ପକେଇ କହିଲା। "ବାପା, ଥାଙ୍କ ୟୁ (thank you!)" କୁସୁମ ପାଟିରୁ ଇଂଲିଶ୍ ଶବ୍ଦ ଶୁଣି ବୁଢ଼ୁରୁ ବହୁତ ଖୁସି ହୋଇଗଲା ।

ମହୁଲ କହିଲା, "ଏଇ ସବୁ ସେଇ ମାଡାମ୍ ଙ୍କର ଦୟା । ମୁଁ ଯେତିକି ଘଣ୍ଟା ତାଙ୍କ ଘରେ କାମ କରେ, ସେ ସେତିକି ବେଲେ ଆମ କୁସୁମକୁ ପାଠ ପଢ଼ାନ୍ତି । କୁସୁମ ତାଙ୍କ ପାଖରେ ବହୁତ କଥା କହିବା ଓ ଲେଖିବା ଶିଖିଗଲାଣି । ଆମ କୁସୁମ ଏବେ ଇଂଲିଶ୍ ରେ ଗପ ବହି ମଧ ପଢ଼ି ପାରୁଛି । ସେଇ ସବୁ ଗପ ବହି ମାଡାମ୍ କିଣିକି କୁସୁମକୁ ଦେଇଛନ୍ତି । ସିଏ ସବୁବେଲେ ମୋତେ କୁହନ୍ତି, ଝିଅ ମାନଙ୍କୁ ପାଠ ପଢ଼େଇ ବଡ଼ ମଣିଷ କରିବାକୁ । ସିଏ ମୋତେ ଥରେ କୁସୁମର ସ୍କୁଲ୍ ଯିବା କଥା ପଚାରୁ ଥିଲେ । ମୁଁ ଖାଲି କହିଥିଲି ଯେ, କୁସୁମର ବାପା ବୁଝୁଛନ୍ତି, ଆଉ କୁସୁମ ବହୁତ ଜଲ୍ଦି ଏଠାରକ ସ୍କୁଲ ଯିବ । ସିଏ ମୋତେ ସବୁବେଲେ କୁହନ୍ତି ଯେ କୁସୁମ ବହୁତ ଭଲ ପାଠ

ପଢ଼ନ୍ତି । ସିଏ ଦିନେ ସମସ୍ତଙ୍କର ନାଁ ରଖିବ । କୁସୁମର ସ୍କୁଲ୍ ରେ ନାଁ ଲେଖା କଥା ଶୁଣିଲେ ସିଏ ବହୁତ ଖୁସି ହୋଇଯିବେ । ବିନା ସ୍କୁଲ୍ ରେ ସିଏ କୁସୁମକୁ କେତେ କଥା ଶିଖେଇ ଦେଇଛନ୍ତି । କାଲି କୁସୁମ ସ୍କୁଲ୍ ଗଲେ, ମୁଁ ତାଙ୍କୁ ଅନୁରୋଧ କରିବି ଯେ ସେ କୁସୁମକୁ ଟ୍ୟୁସନ କରନ୍ତୁ ବୋଲି ।"

ମହୁଲ କଥାରେ କୁସୁମ କହିଲା, "ହଁ ମା' ! ମୋତେ ସେଇ ଆଣ୍ଟି ବହୁତ ଭଲ ଲାଗନ୍ତି । ସିଏ ମୋତେ ଇଂଲିଶ୍ ଆଉ ଅଙ୍କ ବଢ଼ିଆ କରି ଶିଖେଇ ଦେଉଛନ୍ତି । ମୁଁ ସ୍କୁଲ୍ ଗଲେ ତାଙ୍କ ପାଖରେ ପଢ଼ିବି । ସିଏ ମୋତେ ପଢ଼େଇଲେ ମୁଁ କ୍ଲାସ ରେ ଫାଷ୍ଟ ବି ହେବି । ବାପା, ମୁଁ ମନ ଦେଇ ପଢ଼ିବି ।"

ବହୁତ ଦିନ ପରେ ଲାଗୁଥିଲା ଯେମିତି ଦୁଙ୍ଗୁରୁ ଘରକୁ ଶାନ୍ତି ଓ ଖୁସି ଆସିଛି । କେମିତି ରାତି ପାହିବ ଓ ଦୁଙ୍ଗୁରୁ ଦାଶ ବାବୁଙ୍କ ପାଖକୁ ଯିବ, ସେଇ ଅପେକ୍ଷାରେ ସମସ୍ତେ ରାତି ପାହିବାକୁ ଅପେକ୍ଷା କରିଥା'ନ୍ତି । ସେତିକି ବେଳେ ମହୁଲ କହିଲା, "ମୁଁ ଟିକିଏ ପିଙ୍ଗୁଆ ଭାଇ ଘରକୁ ଯାଇ ଅପାଙ୍କୁ ଧନ୍ୟବାଦ ଜଣେଇକି ଆସୁଛି । ଅପା ସରକାରୀ ଡାକ୍ତରଖାନାରେ କାମ କରୁଥିବା ସେଇ ପିଅନ କଥା ନ କହିଥିଲେ, ଏ ସବୁ ସମ୍ଭବ ହୋଇ ନଥା'ନ୍ତା । ତାଙ୍କ ଯୋଗୁ ହିଁ ଆମ କୁସୁମକୁ ଆଜି

ଭିନ୍ନକ୍ଷମ ସାର୍ଟିଫିକେଟ ମିଳିଲା ଓ ସେ ସ୍କୁଲ୍ ଯାଇ ପାରିବ । ପିଲା ମାନେ ତୁମେ ସବୁ ଶୋଇ ପଡ଼ । କାଲି ସକାଳେ ଜଲ୍ଦି ଉଠିବାର ଅଛି ।"

ଏହା କହି ମହୁଲ ପିଙ୍ଗୁଆର ସ୍ତ୍ରୀକୁ ଦେଖା କରିବାକୁ ପଳେଇଲା ।

ପର ଦିନ ସକାଳେ, ଡୁଙ୍ଗୁରୁ ସବୁ କାଗଜ ପତ୍ର ଧରି ଦାଶ ବାବୁଙ୍କ ଘର ଅଭିମୁଖେ ବାହାରିଲା । ଦାଶ ବାବୁଙ୍କ ଘରେ ଯାଇ ଦେଖିଲା ବେଳକୁ ଘର କବାଟରେ ତାଲା ଝୁଲୁଛି । କ'ଣ କରିବ କିଛି ବୁଝି ପାରିଲା ନାହିଁ । ସାଇକେଲ୍ ଚଢ଼ି, ଜୋରରେ ସେଇ ଚା' ଦୋକାନ ଆଡିକି ଧାଇଁଲା । ଚା' ଦୋକାନରେ ଯାଇ ପଚାରିଲା ବେଳକୁ, ଜାଣିବାକୁ ପାଇଲା ଯେ ବାବୁ ମାନେ ସେଠାରୁ ପଳେଇଲେଣି । ଦାଶ ବାବୁ ମଧ ଆସି ଥିଲେ । ହେଲେ ଘରେ କାହିଁକି ତାଲା ପଡ଼ିଛି ଭାବି, ସେ ଭାରି ଚିନ୍ତା ଗ୍ରସ୍ତ ହୋଇ ପଡ଼ୁଥାଏ । ମନେ ମନେ ଭାବିଲା, ଆଜି ଯାହା ବି ହୋଇ ଯାଉ ନା କାହିଁକି, କୁସୁମର ପଞ୍ଜୀକରଣ ନିହାତି ଭାବରେ କରିବ । ସେଥିଲାଗି ପୁଣି ଚା' ଦୋକାନରୁ ଦାଶ ବାବୁଙ୍କ ଘରକୁ

ଦୌଡ଼ିଲା । ଯାଇ ଦେଖିଲା ବେଳକୁ ଏବେ ବି ତାଲା ପଡ଼ିଛି । ହେଲେ ଦାଶ ବାବୁ ଗଲେ କୁଆଡେ ? ଭାବିଲା ଗେଟ୍ ପାଖରେ ଟିକିଏ ଅପେକ୍ଷା କରିବ ବୋଲି । ସାଇକେଲ୍ କୁ କଡରେ ରଖ଼ି ଦେଇ, ଗେଟ୍ ପାଖରେ ବସି ରହିଲା । କିଛି ସମୟ ବସିବା ପରେ, ଦେଖିଲା ଦାଶ ବାବୁ ଘର ଭିତରୁ ବାହାରୁଛନ୍ତି । ଯଦିଓ ସାମ୍ନା କବାଟରେ ତାଲା ପଡ଼ିଛି, ଦାଶ ବାବୁ ଘରର ପଛ ପଟ ବାଟରୁ ଅଫିସ୍ ଯିବାକୁ ବାହାରିଲେ । ସିଏ କିଛି ବୁଝ଼ି ପାରିଲା ନାହିଁ । ଦାଶ ବାବୁ ବାହାରିଲା ବେଳକୁ ଦୁଙ୍ଗୁରୁକୁ ଦେଖ଼ି ଚମକି ପଡ଼ିଲେ ।

କହିଲେ, "ତୁ ଏଠି କ'ଣ କରୁଛୁ ? କାହିଁକି ଆସିଛୁ ?"

ଦାଶ ବାବୁଙ୍କ ପ୍ରଶ୍ନରେ ଦୁଙ୍ଗୁରୁ କହିଲା, "ବାବୁ, ମୋ ଝିଅର ଇଁଲିଶ୍ ସ୍କୁଲ୍ ଲାଗି ପଞ୍ଜୀକରଣ କରିବାକୁ ଆସିଥିଲି । ମୁଁ ଭିନ୍ନକ୍ଷମ ସାର୍ଟିଫିକେଟ ବି ଆଣିଛି । ସବୁ କାଗଜ ପତ୍ର ବି ଆଣିଛି । ଆପଣ କହିଥିଲେ କରିଦେବେ ବୋଲି..."

ଦୁଙ୍ଗୁରୁ କଥାରେ ଦାଶ ବାବୁ ରାଗିକି କହିଲେ, "ଆଉ ପଞ୍ଜୀକରଣ ହୋଇ ପାରିବ ନାହିଁ । ସେଇ ପୋର୍ଟାଲ୍ ବନ୍ଦ ହୋଇ

ଗଲାଣି; ମାନେ ପଞ୍ଜୀକରଣ ଲାଗି ସମୟ ସରିଗଲା । ଯେଉଁମାନେ ରହିଗଲେ, ସେମାନେ ଆର ବର୍ଷ ଚେଷ୍ଟା କରିବେ, ନ ହେଲେ ସରକାରୀ ସ୍କୁଲ୍ ରେ ନିଜ ପିଲାଙ୍କୁ ପଢ଼େଇବେ । ସ୍କୁଲ୍ ତ ସ୍କୁଲ୍ । ତୁମ ଭଳିଆ ଗରିବ ଆଦିବାସୀଙ୍କ ଲାଗି ତ ସରକାର ଏତେ ସ୍କୁଲ ଖୋଲୁଛନ୍ତି, ଯେଉଁଠି ପାଠ ପଢ଼ା ପୁରା ମାଗଣା । ତୁ ଯା', ସେଇଠି ତୋ ଝିଅର ନାମ ଲେଖେଇ ଦେବୁ ।"

ଏହା ଶୁଣି ଦୁଙ୍ଗୁରୁର ପ୍ରାଣବାୟୁ ଉଡ଼ିଗଲା ପରି ଲାଗିଲା ! ଦୁଙ୍ଗୁରୁ କହିଲା, "ବାବୁ କ'ଣ ହେଲା ! ମୋ ଝିଅର ଆଉ ଇଂଲିଶ୍ ସ୍କୁଲ୍ ରେ ନାମ ଲେଖା ହୋଇ ପାରିବ ନାହିଁ ? ଆପଣ ମୋ ଠାରୁ ୨୦,୦୦୦ ଟଙ୍କା ନେଇଗଲେ, ଆଉ ଆଜି କହୁଛନ୍ତି ଯେ ମୁଁ ମୋ ଝିଅକୁ ସରକାରୀ ସ୍କୁଲ୍ ରେ ଦାଖଲ କରି ଦେବି ! ଆପଣଙ୍କ ପିଲା କେଉଁ ସ୍କୁଲ୍ ରେ ପଢୁଛି ? ଓଡ଼ିଆ ମିଡ଼ିଅମ୍ ସରକାରୀ ସ୍କୁଲ୍, ନାଁ ବେସରକାରୀ ଇଂଲିଶ୍ ସ୍କୁଲ୍ ? ଆପଣ ସରକାରଙ୍କ ଲାଗି କାମ କରି, ସରକାରୀ ବାବୁ ହୋଇ ମଧ ସରକାରୀ ସ୍କୁଲ୍ ରେ ନିଜ ଛୁଆକୁ ପଢ଼ାଉନାହାଁତି । ହେଲେ ମୋତେ ଆଦିବାସୀ ଆଦିବାସୀ କହି ନିନ୍ଦା କରୁଛନ୍ତି? ମୋର ଯେଉଁଠି ଇଚ୍ଛା ମୁଁ ମୋ ଛୁଆକୁ ସେଇଠି ପଢ଼େଇବି । ଏଥିରେ

ସରକାର ବି ମୋତେ କିଛି କହି ପାରିବେ ନାହିଁ। ଆପଣ ମୋତେ ସେମିତି ଜମା କୁହନ୍ତୁ ନାହିଁ। ଆପଣ ମୋ ଛୁଆ ପିଲାଙ୍କୁ ଏମିତି ଗାଳି ଗୁଲଜ କରିପାରିବେ ନାହିଁ। ମୁଁ ଆଦିବାସୀ ଗରିବ ହେଲେ ବି ମୋର ଗୋଟେ ସହିବାର ସୀମା ଅଛି. ଠିକ୍ ଅଛି ! ଆପଣ ଯଦି ମୋ ଝିଅର ପଞ୍ଜୀକରଣ ବା ନାମ ଲେଖାରେ ସାହାଯ୍ୟ କରି ପାରିବେନି, ତେବେ ମୋର ଟଙ୍କା ମୋତେ ଫେରେଇ ଦିଅନ୍ତୁ। ମୋ ଟଙ୍କା ଫେରି ପାଇଗଲେ ମୁଁ ପଇସା ଦେଇ ମୋ ଝିଅର ସେଇ ଇଂଲିଶ୍ ସ୍କୁଲ୍ ରେ ନାମ ଲେଖାଇ ଦେବି। ମୋର ଆଉ ଏଇ ସରକାରୀ ସୁବିଧା ନେବା ଦରକାର ନାହିଁ, କି ଆପଣଙ୍କ ଭଳିଆ ସରକାରୀ ବାବୁଙ୍କ ସାଙ୍ଗରେ ଲଢ଼ିବାର ନାହିଁ। ନା ମୋର ସେଇ ସରକାର ନା ସରକାରୀ ବ୍ୟବସ୍ଥା ନା ସରକାରୀ ବାବୁଙ୍କ ଉପରେ ଆଉ ଭରସା ଅଛି। ଆପଣ ଦୟାକରି ମୋ ଟଙ୍କା ଫେରାଇ ଦିଅନ୍ତୁ।"

ଦୁଙ୍ଗୁରୁ ପାଟିରୁ ଏହା ଶୁଣି, ଦାଶ ବାବୁ ଗର୍ଜି କି କହିଲେ, "କ'ଣ ହେଲା, ତୁ ଆଦିବାସୀ ମୋତେ ଗରମ ଦେଖାଉଛୁ ? ତୁ ଟଙ୍କା ନେବୁ? କି ଟଙ୍କା ? ତୁ ମୋତେ କେତେ ଟଙ୍କା ଦେଇଛୁ ? ତୁ ମୋତେ ଟଙ୍କା ଦେଇଛୁ ବୋଲି କ'ଣ ତୋ ପାଖରେ କିଛି ପ୍ରମାଣ ଅଛି ? ଓଲଟା ମୁଁ ତୋତେ ସାହାଯ୍ୟ କରିବି ବୋଲି ଘରକୁ

ଡାକିଲି । ତୋ ଭଳିଆ ମଲି ମୁଣ୍ଡିଆ ଆଦିବାସୀ ଲୋକଟାକୁ ଘରେ ବସେଇଲି, ଆଉ ତୁ ମୋତେ ଆଙ୍ଗୁଳି ଦେଖାଉଛୁ । ତୁ ଏଠୁ ଯିବୁ, ନା ମୁଁ ପୁଲିସ୍ ଡାକିବି ? ତୁ ଜାଣିନୁ ମୋର ସରକାରଙ୍କ ପର୍ଯ୍ୟନ୍ତ ଚିହ୍ନା । ମୁଁ ଏବେ ଯଦି ପୋଲିସ୍ କୁ କହିଦେବି, ଯେ ତୁ ମୋତେ ହଇରାଣ କରୁଛୁ, ମୋ ଘରେ ଆସି ଅଶାନ୍ତି ସୃଷ୍ଟି କରୁଛୁ ଓ ମୋତେ ଧମକ ଦେଉଛୁ, ତେବେ ପୋଲିସ୍ ସିଧା ଆସିବ ଓ ତୋତେ ବାନ୍ଧି ନେଇ ଯିବ । ତା'ପରେ ଜେଲ୍ ରେ ବସିକି ତୋ ଝିଅକୁ ପାଠ ପଢ଼ାଉଥିବୁ । ଯା! ଯା ! କିଛି ପଇସା ମିଳିବନି... ତୋ ଭଳିଆ କେତେ ଲୋକଙ୍କୁ ମୁଁ ଦେଖିଛି । ତୋର ଔକାତ କ'ଣ ଯେ, ତୁ ମୋ ସାଙ୍ଗରେ କଥା ବାର୍ତ୍ତା କରୁଛୁ ଓ ତୋ ଝିଅକୁ ଇଂଲିଶ୍ ସ୍କୁଲ୍ ରେ ଦେବୁ? ଆମ ପିଲା ଯେଉଁଠାକୁ ଯିବେ, ତୁମ ପିଲା ବି ସେଇଠାକୁ ଯିବେ ନା କ'ଣ... ? ଭାରି ତ... ତୁ ଯାଉଛୁ ନା ମୁଁ ତୋତେ ତଡ଼ିକି ଏଠୁ ବାହାର କରିବି ? ହଁ, ଆଉ ଦିନେ ଯଦି ଏଠି ମୁଁ ତୋତେ ଏଠି ଦେଖିବାକୁ ପାଇଲି, ତେବେ ଜାଣିବୁ ତୋର କ'ଣ ଅବସ୍ଥା ହେବ ।"

ଯା, ଯା! କହି କୁକୁର-ମାଙ୍କଡ଼ ଭଳି ଦାଶ ବାବୁ ଦୁଙ୍ଗୁରୁକୁ ସେଠାରୁ ତଡ଼ି ଦେଲେ । ବିଚରା ଦୁଙ୍ଗୁରୁ ଆଦିବାସୀ ଓ ଗରିବ ବୋଲି ଦାଶ

ବାବୁ ତାକୁ କେତେ କଥା ଶୁଣେଇ ଦେଲେ ଓ ତା ପଇସା ବି ଖାଇ ଗଲେ । କିଛି ସମୟ ଲାଗି ଦୁଙ୍ଗୁରୁ ଆତ୍ମହତ୍ୟା କରିଦେବ ବୋଲି ଭାବିଲା । ଦିନ ସାରା ଇଆଡେ଼ ସିଆଡେ଼ ପାଗଳ ପରି ଘୁରି ବୁଲିଲା । ତା ପରେ ନିଜ ମନକୁ ବୁଝାଇ ଘରକୁ ବାହାରିଲା । ଘରକୁ ଯିବାକୁ ତା'ର ସାହସ ହେଉ ନଥାଏ । ଘରକୁ ଗଲେ ମହ୍ଲ ଓ କୁସୁମକୁ କେମିତି ସାମ୍ନା କରିବ, କ'ଣ କହିବ, କିଛି ବୁଝି ପାରୁ ନଥାଏ । ସେଥିଲାଗି ସିଧା ଘରକୁ ନ ଯାଇ, ସେଇ କେନାଲ ବନ୍ଧ ଉପରେ ବସି କାନ୍ଦୁ ଥାଏ ।

ଉପରଓଳି ଆସିକି ୪ଟା ହେବଣି । କୁସୁମକୁ ପଢ଼ାଉଥିବା ସେଇ ମାଡ଼ାମ୍ ଓ ସାର୍, ଯାହାଙ୍କର ଘରେ ମହ୍ଲ କାମ କରେ, ସେଇ ବାଟ ଦେଇ ଯାଉ ଥିଲେ । ହଠାତ୍ ତାଙ୍କ ନଜର ଦୁଙ୍ଗୁରୁ ଉପରେ ପଡ଼ିଲା । କାହିଁକି ଚାରିଟା ବେଳ ଖରା ଗରମରେ ଦୁଙ୍ଗୁରୁ ସେଇ କେନାଲ ଉପରେ ବସିଛି ଭାବି, ଗାଡ଼ିରୁ ଥାଇ ଦୁଙ୍ଗୁରୁକୁ ଡାକ ପକାଇଲେ । ମାଡ଼ାମ୍ ଙ ପାଟି ଶୁଣି ଦୁଙ୍ଗୁରୁ ତାଙ୍କ ଆଡ଼କି ଚାହିଁଲା ବେଳକୁ, ମାଡ଼ାମ୍ ଓ ସାର୍ । ତାଙ୍କୁ ଗୋଟେ ଜୁହାର ପକାଇ, ତାଙ୍କ ପାଖକୁ ଆସିଲା ।

ସାର୍ ପଚାରିଲେ, "ଆରେ ଦୁଙ୍ଗୁରୁ, ତୁ ଏତେ ଖରାରେ ଏଠି ଏକୁଟିଆ କାହିଁକି ବସିଛୁ ? ଆଜି କ'ଣ କାମକୁ ଯାଇ ନାହୁଁ କି ?"

ଏତିକି ପଚାରୁ ପଚାରୁ, ଦୁଙ୍ଗୁରୁ କାନ୍ଦି ପକାଇ କହିଲା, "ସାର୍, କ'ଣ କହିବି । ମୁଁ ହାରିଗଲି । ମୋର ସବୁ ପଇସା ଚାଲିଗଲା । ମୋ ଝିଅକୁ ଆଉ ମୁଁ ମୁହଁ ଦେଖେଇ ପାରିବି ନାହିଁ । ମହୁଲକୁ କ'ଣ ଜବାବ ଦେବି ।"

ଦୁଙ୍ଗୁରୁ କଥାରେ, ସେଇ ମାଡାମ୍ କହିଲେ, "ଦୁଙ୍ଗୁରୁ, ତୁମେ ଆସି ଗାଡ଼ି ଭିତରେ ବସ । ବସିକି କୁହ କ'ଣ ହେଲା । ଏଇ କିଛି ଦିନ ହେଲା ମୁଁ ବି ଲକ୍ଷ୍ୟ କରିଛି ଯେ ମହୁଲ ବି ଭାରି ଦୁଃଖୀ ଓ ଚିନ୍ତିତ ଥିଲା ଭଳି । ଘରେ କିଛି ଅସୁବିଧା ହୋଇଛି କି ? କ'ଣ ହେଲା କୁହ ଦୁଙ୍ଗୁରୁ ! ଟିକିଏ ପାଣି ପିଇ ଦିଅ ଓ ଆରାମରେ କୁହ ।"

ପାଣି ଟିକିଏ ପିଇକି, ଦୁଙ୍ଗୁରୁ ସବୁ କଥା ମାଡାମ୍ ଓ ସାର୍ କୁ କହିଲା । ମୂଳରୁ ଶେଷ ଯାଏଁ ସବୁ କଥା ବଖାଣି କି କହିଲା ।

ତୁଙ୍ଗୁରୁ ସବୁ କଥା କହୁଥାଏ ଓ ଆଖିରୁ ଲୁହ ପୋଛି ପକାଉ ଥାଏ ।

ତୁଙ୍ଗୁରୁ ଠାରୁ ସବୁ ଶୁଣିଲା ପରେ, ମାଡାମ୍ ଓ ସାର୍ କହିଲେ, "ତୁଙ୍ଗୁରୁ ତୁ ଏବେ ଘରକୁ ଯା' । କୁସୁମର ପାଠ ପଢ଼ା କଥା କିଛି ଚିନ୍ତା କର ନା । କାଲି ସକାଳେ ୧୦ ଟା ବେଲକୁ ମହୁଲ ଓ କୁସୁମକୁ ନେଇ ଆମ ଘରକୁ ଆସ । ହଁ, ଆସିଲା ବେଳେ କୁସୁମର ସବୁ କାଗଜ ପତ୍ର ଓ ତା'ର ଦୁଇଟି ପାସ୍‌ପୋର୍ଟ ସାଇଜ୍‌ ଫଟ' ସାଙ୍ଗରେ ନେଇକି ଆସିବୁ ।   ଦେଖିବୁ ସବୁ ଠିକ୍‌ ହୋଇଯିବ । ତୁ ଏବେ ଘରକୁ ଯା' ।   ନହେଲେ ଘରେ ସମସ୍ତେ ବ୍ୟସ୍ତ ହୋଇଯିବେ ।"

ଏହା କହି ମାଡାମ୍ ଓ ସାର୍ ସେଠାରୁ ପଳେଇଲେ । ତୁଙ୍ଗୁରୁ ମଧ ଘରକୁ ଗଲା । ତୁଙ୍ଗୁରୁର ଆସିବା ବାଟକୁ ଉଭୟ ମହୁଲ ଓ କୁସୁମ ଚାହିଁ ବସି ଥା'ନ୍ତି । ମହୁଲ କିନ୍ତୁ ତୁଙ୍ଗୁରୁ ମୁହଁ ଦେଖି ବୁଝି ପାରୁଥିଲା ଯେ କିଛି ଅଘଟଣ ଘଟିଛି ।

କୁସୁମ ଦୌଡ଼ି ଆସି ପଚାରିଲା, "ବାପା, ମୁଁ ସ୍କୁଲ୍ କେବେ ଯିବି?" କୁସୁମ କଥାରେ ଦୁଙ୍ଗୁରୁ କହିଲା, "ଧନ, ତୁ ଖୁବ ଶୀଘ୍ର ସ୍କୁଲ୍ ଯିବୁ।"

ଏହା କହି ଦୁଙ୍ଗୁରୁ ଗାଧୋଇବା ପାଇଁ ନଳକୂପ ପାଖକୁ ଚାଲିଗଲା। ଦୁଙ୍ଗୁରୁ, ମହୁଲ ଆଖିରେ ଆଖି ମିଶାଇ ପାରୁ ନଥାଏ। ଗାଧୋଇ ଆସି ଖାଇବା ପାଖରେ ବସି ଖାଇଲା ବେଳକୁ, ମହୁଲ କହିଲା, "ମୋ ଠାରୁ କ'ଣ ଲୁଚାଉଛ? ମୁଁ ଜାଣି ପାରୁଛି କିଛି ଅସୁବିଧା ହୋଇଛି ମୁଁ ସେଥି ଲାଗି ଛୁଆଙ୍କ ସାମନାରେ ପଚାରିଲି ନାହିଁ। ତୁମେ ମୋତେ କହିବନି କ'ଣ ହୋଇଛି ବୋଲି?"

ଦୁଙ୍ଗୁରୁ ତାକୁ ସବୁ କଥା କହିଲା। କେମିତି ସେଇ ଦାଶ ବାବୁ ତା ଟଙ୍କା ଖାଇ ଦେଇ ତାକୁ ହିଁ ପ୍ରମାଣ ମାଗୁଛତି ଓ କେମିତି ତା ସାଙ୍ଗରେ ଦୁର୍ବ୍ୟବହାର କରି ତାକୁ ଧମକ ଚମକ ଦେଇ ସେଠାରୁ ଧକ୍କା ମାରି ତଡ଼ି ଦେଲେ, ଦୁଙ୍ଗୁରୁ ସବୁ କଥା ମହୁଲକୁ ଟିକି ନିଖି କରି କହିଲା। ତା ପରେ ମାଡ଼ାମ୍ ଓ ସାର୍ କେମିତି ଦେଖା ହେଲେ ଓ କ'ଣ ସବୁ କହିଲେ, ସବୁ ମହୁଲକୁ କହିଲା।

ସବୁ କଥା କହି ସାରିବା ପରେ, ଡୁଙ୍ଗୁରୁ ମହୁଲକୁ ପଚାରିଲା, "ମହୁଲ, ଆମ ଛୁଆର କ'ଣ ହେବ ?   ମୁଁ କିଛି କରିପାରିଲି ନାହିଁ । ଆଜି ସତରେ ଏହା ପ୍ରମାଣିତ ହୋଇଗଲା ଯେ, ଆମେ କିଛି କାମର ନୁହନ୍ତି । ଆମେ ସତରେ ପଛୁଆ ବର୍ଗର ଲୋକ, ଆଉ ଆମକୁ ଏଇ ସମାଜ ଓ ସମାଜରେ ଥିବା ଲୋକେ ହେୟ ମଣନ୍ତି । ଦୁଇଟା ଝିଅ ହେଲା ବୋଲି, ବାପା, ମା', ବନ୍ଧୁ ପରିଜନ ଓ ଗାଁ ଲୋକେ ଅଲଗା କରିଦେଲେ । ସମସ୍ତେ ପୁଅଟେ ଜନ୍ମ କରିବାକୁ କହିଲେ । ସମସ୍ତେ କହିଲେ ପୁଅଟେ ହେଲେ ରୋଜଗାର କରି ପୋଷିବ । ଝିଅମାନେ ହେଲେ ବୋଝ । ଝିଅମାନେ ଆଜି ଅଛନ୍ତି, କାଲି ବାହା ହୋଇ ଅନ୍ୟ ଘରକୁ ପଳେଇବେ । କିନ୍ତୁ, ମୁଁ ଭାବିଲି ଝିଅ ପୁଅ କ'ଣ ? ଝିଅମାନେ ବି ପୁଅ ମାନଙ୍କ ଭଳିଆ ଯୋଗ୍ୟ ଓ ସକ୍ଷମ ହୋଇ ପାରିବେ । ସେଥିଲାଗି ଆମେ ଆଉ ଛୁଆ ପିଲା ନ କରି, ଏଇ ଦୁଇ ଝିଅଙ୍କୁ ପାଠ ପଢ଼େଇ ଭଲ ମଣିଷ କରିବା ପାଇଁ ଭାବିଲେ । ହେଲେ ଏବେ ଲାଗୁଛି ମୁଁ ବୋଧେ ଭୁଲ୍ ଥିଲି । ମୁଁ ଯଦି ଆଜି ମୋ ଝିଅ ମାନଙ୍କୁ ପାଠ ପଢ଼େଇ ପାରୁ ନାହିଁ, ତେବେ କାଲି ସତରେ ଝିଅମାନେ ବୋଝ ବୋଲି ପ୍ରମାଣିତ ହୋଇଯିବେ । ସରକାର କହୁଛନ୍ତି ଝିଅମାନେ ପଢ଼ିବେ ଓ ବଢ଼ିବେ । ଏଠି କିନ୍ତୁ ମୋ ସାଙ୍ଗରେ ଓ ମୋ ଝିଅମାନଙ୍କ ସାଙ୍ଗରେ ଛଳନା ହେଲା । ମୁଁ

ଏବେ କେଉଁ ସରକାରଙ୍କୁ କହିବି ଓ କାହାକୁ ଅଭିଯୋଗ କରିବି ? ମୋ ପାଖରେ ଏବେ ଇଂଲିଶ୍ ସ୍କୁଲ୍ ରେ ନାମ ଦାଖଲ ଲାଗି ଏକାବେଳେକେ ଏତେ ପୁଞ୍ଜି ବି ନାହିଁ । ସବୁ ପଇସା ମୋର ସେଇ ଧନୀ ଲୋକମାନେ ନେଇଗଲେ । ମୋ ଝିଅ ଆଉ ପଢ଼ି ପାରିବ ନାହିଁ । ମୋ ଭଳିଆ ଏମିତି କେତେ ଗରିବ ଆଦିବାସୀ ବାପା ଥିବେ ଯାହାକୁ ଦୁନିଆ ମୂର୍ଖ ଭାବି ଲୁଟି ନେଉଥିବ ଓ ତାଙ୍କ ପିଲାମାନେ ଦାରିଦ୍ର୍ୟତାରେ ପଡ଼ି, ପିଢ଼ି ପରେ ପିଢ଼ି ଗଡ଼ି ଚାଲିଥିବେ, ଓ ଦୁନିଆ ତାଙ୍କୁ ଗରିବ ଓ ଗରିବର ଛୁଆ ବୋଲି କହୁଥିବ । ମୁଁ ହାରିଗଲି, ମହୁଲ । ମହୁଲ ତୁ ଠିକ୍ କହୁଥିଲୁ... ସହରରେ ରହୁଥିବା ମଣିଷମାନେ ଜଙ୍ଗଲର ପଶୁମାନଙ୍କ ତୁଳନାରେ ଅତି ଭୟଙ୍କର । ଆଜିକାଲି ପଶୁମାନଙ୍କ ଉପରେ ବିଶ୍ୱାସ କରି ହେବ, କିନ୍ତୁ ଏ ଧୋବଧଉଳିଆ ସହରୀ ମଣିଷମାନଙ୍କ ଉପରେ ବିଶ୍ୱାସ କରିବା କଷ୍ଟ ।"

ମହୁଲ କିଛି ନ କହି ଚୁପ ଚାପ ଦୁଃଖୁର କଥା ଶୁଣିଲା । ନିଜ ଜବାବରେ କିଛି ରଖିବାକୁ ମହୁଲ ପାଖରେ ଆଉ ଶବ୍ଦ ନଥିଲା । ମହୁଲ ଖାଲି ଏତିକି କହିଲା, "ମାଡ଼ାମ୍ ଆମକୁ କାହିଁକି ଡାକିଛନ୍ତି, ଆମେ ଯିବା । ଦେଖିବା କ'ଣ ହେଉଛି ।"

ସମୟର ନିର୍ଯ୍ୟାତନା ଓ ଭାଗ୍ୟର ପରୀକ୍ଷା ଭିତରେ, ଡୁଙ୍ଗୁରୁ, ମହୁଲ ଓ କୁସୁମ ଯାଇ ସାର୍ ଓ ମାଡ଼ାମ୍ କ ଘରେ ପହଞ୍ଚିଗଲେ । ପହଞ୍ଚିଲା ବେଳକୁ ଦେଖିଲେ ସାର୍ ଓ ମାଡ଼ାମ୍ ପୁରା ପ୍ରସ୍ତୁତ ହୋଇ କୁଆଡେ ଗୋଟେ ବାହାରିଥା'ନ୍ତି । ତାଙ୍କ ଗାଡ଼ି ବି ବାହାରେ ଠିଆ ହୋଇଥାଏ । କାଳେ ସାର୍ ଓ ମାଡ଼ାମ୍ ବି ସେଇ ଦାଶ ବାବୁଙ୍କ ଭଳିଆ କିଛି ନ କରନ୍ତୁ, ଭାବି ଭାବି ମହୁଲ ଓ ଡୁଙ୍ଗୁରୁ ମନେ ମନେ ଡରୁଥିଲେ ।

ତାଙ୍କୁ ଦେଖୁ ଦେଖୁ ମାଡ଼ାମ୍ କହିଲେ, "ଆରେ, ତୁମେ ମାନେ ପୁରା ଟାଇମ୍ ରେ ଆସିଛ । କୁସୁମ, ତୁ ଭିତରକୁ ଯା' ଖେଳୁ ଥିବୁ, ଡାକିଲେ ଆସିବୁ । ମହୁଲ ଓ ଡୁଙ୍ଗୁରୁ ତୁମେ ଦୁଇ ଜଣ ଏଇଠି ବସ । ସାର୍ ଆଉ ମୁଁ ଭାବିଛୁ ଯେ କୁସୁମର ନାମ ଆମେ ସେଇ ଇଂଲିଶ୍ ମିଡ଼ିଅମ୍ ସ୍କୁଲ୍ ରେ ଲେଖେଇ ଦେବୁ । ଯାହା ଖର୍ଚ୍ଚ ହେବ, ସବୁ ଆମେ ବହନ କରିଦେବୁ । ପିଲାଟା ଭଲ ପାଠ ପଢୁଛି ଓ ଆଗକୁ ଭଲ ସ୍କୁଲ୍ ରେ ପଢ଼ିବା ଦରକାର । ସେଥିଲାଗି ଆମେ ଏବେ ସେଇ ସ୍କୁଲ୍ ଯିବା ଓ ତା'ର ନାମ ଲେଖାଇ ଦେବା ।"

ମାଡାମ୍ ଙ କଥା ଶୁଣି ମହୁଲ ହାତ ଯୋଡି ମାଡାମ୍ ଙ୍କୁ, ଲୁହ ଭିଜା ଓ କୋହ ଭରା କଣ୍ଠରେ ଧନ୍ୟବାଦ ଜଣାଇ କହିଲା, "ଆମେ ଆପଣଙ୍କ ନିକଟରେ ସାରାଜୀବନ ଋଣୀ ହୋଇ ରହିବୁ ।"

ଏହା ପରେ ସେମାନେ ସମସ୍ତେ ସ୍କୁଲ୍ କୁ ଗଲେ । ସାଙ୍ଗରେ କୁସୁମକୁ ବି ନେଲେ । ସେଠି ପହଞ୍ଚିଲା ପରେ, ସେଠାକାର ପ୍ରିନ୍ସିପାଲ୍ ଡୁଙ୍ଗୁରୁକୁ ଚିହ୍ନି ପାରିଲେ । ସେଇ ସରକାରୀ ଯୋଜନାରେ ପଞ୍ଜୀକରଣ ହେଲା କି ନାହିଁ ପଚାରିଲେ ।

ପ୍ରିନ୍ସିପାଲ୍ ପଚାରୁ ପଚାରୁ ମାଡାମ୍ କହିଲେ, "ନାହିଁ ସାର୍ ! ସେଇ ଯୋଜନାରେ ହୋଇ ପାରିଲା ନାହିଁ । ବହୁତ ଆନୁଷ୍ଠାନିକତା ରହିଛି ଯାହା ପୂରଣ କରିବା ଏଇ ଗରିବ ଲୋକଙ୍କ ପକ୍ଷରେ ସମ୍ଭବପର ନୁହେଁ । ସେଥିଲାଗି ଆମେ, ଡୁଙ୍ଗୁରୁର ଝିଅ, କୁସୁମର ପଇସା ଦେଇ ଆପଣଙ୍କ ସ୍କୁଲ୍ ରେ ନାମ ଲେଖାଇବାକୁ ଆସିଛୁ । କୁସୁମର ପାଠ ପଢ଼ାର ସମସ୍ତ ଖର୍ଚ୍ଚ ଆମେ ନେବୁ । ସିଏ ଯେମିତି ଭଲରେ ଆପଣଙ୍କ ସ୍କୁଲ୍ ରେ ପଢ଼ିବ, ଆପଣ ମଧ ଟିକିଏ ସାହାଯ୍ୟ କରିବେ । ତାହାଛଡା, ସ୍କୁଲ୍ ପରେ କୁସୁମର ପାଠ ପଢ଼ା ମଧ ମୁଁ ନିଜେ ଦେଖ୍ ନେବି ।

ସିଏ ନିଶ୍ଚୟ ଭଲ ପାଠ ପଢ଼ିବ ଓ ମୋର ବିଶ୍ୱାସ ଯେ ସେ ଭବିଷ୍ୟତରେ ନିଶ୍ଚୟ କିଛି ଭଲ କାମ କରି ମଧ ଦେଖାଇବ ।"

ଏହା କହି ମାଡ଼ାମ୍ ଆଡ଼ମିଶନ୍ ଫର୍ମ ପୂରଣ କରି, ଯାହା ଟଙ୍କା ଦରକାର ଦେଇ, କୁସୁମର ଆଡ଼ମିଶନ୍ କରାଇ ଦେଲେ । ପ୍ରିନ୍ସିପାଲ୍ ମଧ କୁସୁମକୁ ମନ ଦେଇ ପଢ଼ିବାକୁ କହି, ବହୁତ ବହୁତ ଅଭିନନ୍ଦନ ଓ ଶୁଭେଚ୍ଛା ଜଣାଇଲେ । ତାହା ସହିତ, ଅସୁବିଧାରେ ଥିବା ଗରିବ ଆଦିବାସୀ ପିଲାକୁ ଗୁଣାମ୍ୱକ ଶିକ୍ଷା ଯୋଗାଇ ଦେବାରେ, ମାଡ଼ାମ୍ ଓ ସାର୍ ଙ୍କ ଚେଷ୍ଟା ଓ ଅବଦାନକୁ ମଧ ଭୂରି ଭୂରି ପ୍ରଶଂସା କରିଲେ ପ୍ରିନ୍ସିପାଲ୍ । ସ୍କୁଲ୍ ରୁ ଫେରିବା ବାଟରେ ସାର୍ ଓ ମାଡ଼ାମ୍ କୁସୁମର ସ୍କୁଲ୍ ଲାଗି ବହି-ଖାତା, ପେନ୍ସିଲ୍-ରବର, ସ୍କୁଲ୍ ଜାମା, ଜୋତା- ମୋଜା, ବ୍ୟାଗ, ଟିଫିନ୍ ବକ୍ସ, ପାଣି ବୋତଲ ସବୁ କିଣି, ଅନେକ ଅନେକ ଆଶୀର୍ବାଦ ଦେଇ ଘରକୁ ଲେଉଟିଲେ ।

ଆଜିକା ଦିନରେ କୁସୁମ ଇଂଲିଶ୍ ମିଡ଼ିଅମ୍ ସ୍କୁଲ୍ ଯାଉଛି । ସ୍କୁଲ୍ ପରେ, କୁସୁମ ସନ୍ଧ୍ୟାବେଳକୁ ମାଡ଼ାମ୍ ଙ୍କ ପାଖକୁ ପାଠ ପଢ଼ିବାକୁ ମଧ ଯାଉଛି । ଗୋଟେ ଫୁଲ ମଉଳି ଝଡ଼ି ଯିବା ଆଗରୁ ତାକୁ

ଗୋଟେ ଭଲ ମାଳି ମିଳିଗଲା । ଆମ ଆଖପାଖରେ ଏମିତି କେତେ ବଗିଚା ଥିବ ଯେଉଁଠି କୁସୁମ ଭଳି କଢ଼ ଥିବେ, ଯାହାଙ୍କର ସୁନ୍ଦର ଫୁଲ ହୋଇ ଫୁଟିବାର ଅନେକ ଇଚ୍ଛା ଓ ସ୍ୱପ୍ନ ମଧ ଥିବ, କିନ୍ତୁ ଦାଶ ବାବୁଙ୍କ ଭଳି ମାଲିଙ୍କ ଯୋଗୁଁ ସେଇ ଫୁଲକୁ ଫୁଟିବାକୁ ଦିଆ ଯାଉ ନାହିଁ । କୁସୁମ ଭଳିଆ ପିଲାଙ୍କ ଶିକ୍ଷା ଲାଗି ସରକାରଙ୍କର ଅନେକ ନିୟମ ରହୁଛି ଓ ବ୍ୟବସ୍ଥା ମଧ ରହୁଛି । ସରକାର ହେଲେ ଜନତାଙ୍କ ପ୍ରତିନିଧି । ଜନତାଙ୍କ ଭଲ-ମନ୍ଦ, ସୁବିଧା-ଅସୁବିଧା, ଆବଶ୍ୟକତା ବିଷୟରେ ବୁଝିବାକୁ ପ୍ରତ୍ୟେକ ସ୍ତରେ ସରକାରଙ୍କର ନିଜର କର୍ମଚାରୀ ମାନେ ଅଛନ୍ତି । ସେମାନେ ହେଲେ ସରକାର ଓ ଜନତାଙ୍କ ମଧ୍ୟରେ ଥିବା ସମ୍ପର୍କର ସେତୁ । ସେଇ ସେତୁ ରେ ତ୍ରୁଟି ରହିଲେ ସରକାର ଜନତାଙ୍କ ପାଖରେ ପହଞ୍ଚି ପାରିବେ ନାହିଁ, କି ଜନତା ମଧ ସରକାରଙ୍କ ନିକଟରେ ପହଞ୍ଚି ପାରିବେ ନାହିଁ । ସାଧାରଣ ଜନତାଙ୍କୁ ସରକାରଙ୍କ ନିକଟରେ ପହଞ୍ଚାଇବାର ଲୋଭ ଦେଖାଇ ବା ସରକାର ଦେଉଥିବା ଜନତାଙ୍କ ଲାଗି ସହାୟତା ଜନତାଙ୍କୁ ସୁବିଧାରେ ହସ୍ତାନ୍ତର କରାଇବାର ଆଶ୍ୱାସନା ଦେଇ, ନିରୀହ ଜନତାଙ୍କୁ ଲୁଟନ୍ତି, ତାଙ୍କୁ ବାଟବଣା କରନ୍ତି ଓ ତାହା

ସହିତ ହଇରାଣ ହରକତ ମଧ୍ୟ କରନ୍ତି । ଯାହାଫଳରେ, ସାଧାରଣ ଜନତା ଓ ଅଭାବୀ ଜନତା, ବିଶେଷ କରି ନିରୀହ ଆଦିବାସୀଙ୍କର ସରକାର ଓ ସରକାରୀ ବ୍ୟବସ୍ଥା ଉପରୁ ଭରସା ଉଠିଯାଉଛି ଓ ବିଶ୍ୱାସରେ ବିଷ ମିଶିଯାଉଛି । ଏହିଭଳି ସରକାରୀ ଲୁଟେରାଙ୍କ ତର୍ଜମା ହେବା ଆବଶ୍ୟକ । ସରକାରୀ ଯୋଜନା ଯାହା ଲାଗି ହେଉଛି, ତାହା ନିକଟରେ ପହଞ୍ଚିବା ଦରକାର ଓ ସେମାନେ ଉପକୃତ ହେବା ଦରକାର । ନହେଲେ, "ରାଜାଙ୍କର ପୁଅ ହୋଇଛି, ଘରେ ଖିରି ପୁରୀ କରି ଖାଇ ନିଅ" ଭଳି ହୋଇଯିବ । ଗରିବ ଆଦିବାସୀଙ୍କୁ ବୋକା ବନେଇ, ତାଙ୍କ ସରଳତାର ଫାଇଦା ଉଠାଇ, ତାଙ୍କୁ ଲୁଟି ନେବା ସହଜ ବୋଲି, ଆମେ ତାହା କରି, ବାହାଦୁରି ନେବାଟା କ'ଣ ଶକ୍ତିଶାଳୀ ହେବାର ପରିଚୟ କି? ସବୁବେଳେ ସରକାରଙ୍କୁ ବା ସରକାରଙ୍କ ଯୋଜନାକୁ ଗାଳି ଦେଲେ ଚଳିବ ନାହିଁ । ସାର୍ ଓ ମାଡାମ୍ ଙ୍କ ଭଳି ଲୋକଙ୍କ ସଂଖ୍ୟା ଅଧିକ ହେବା ଦରକାର । ତାହାଛଡା, ଡୁଙ୍ଗୁରୁ ଓ ମହୁଲ ଭଳି ବାପା ମା'ଙ୍କୁ କୃତଜ୍ଞତା ଜଣାଇବା ଦରକାର ଯେଉଁମାନେ ନିଜ ପିଲାଙ୍କର, ଖାସ କରି ନିଜ ଝିଅମାନଙ୍କର ଭବିଷ୍ୟତକୁ ନେଇ ଏତେ ଯତ୍ନବାନ । ଡୁଙ୍ଗୁରୁ ଓ

ମହୁଲ ଭଳି ବାପା ମା'ଙ୍କ ଦୃଢ଼ତାକୁ ସମ୍ମାନ ଦେବା ଉଚିତ, ଯେଉଁ ମାନେ ନିଜ ଝିଅ ମାନଙ୍କୁ ପାଠ ପଢ଼ାଇ ଆତ୍ମନିର୍ଭରଶୀଳ କରିବା ଲାଗି ସବୁ ପ୍ରକାରର ବାଧା ବିଘ୍ନକୁ ଏଡ଼ାଇ ଦେଇ ଥିଲେ । ସବୁ ପ୍ରକାରର ପ୍ରତିକୂଳ ପରିସ୍ଥିତିରେ ବି ନିଜ ମନୋବଳକୁ ଦୃଢ଼ ରଖିବା ସହିତ, ନିଜ ଲକ୍ଷ୍ୟ ଠାରୁ ଓହରି ଯାଇ ନଥିଲେ । ବିଶ୍ୱାସରେ ବିଷ ଯେତେବେଳେ ବଢ଼ି ବଢ଼ି ଚାଲେ, ସେତେବେଳେ ମାଡ଼ାମ୍ ଓ ସାର୍ ଙ୍କ ଭଳି ଲୋକ ହିଁ ସେଇ ବିଷକୁ କାଟି ପାରିବେ । ଦାଶ ବାବୁଙ୍କ ଭଳି ଲୋକ ଯେତେବେଳେ ଡୁଙ୍ଗୁରୁକୁ ଲୁଟିବାକୁ ପଛେଇ ନ ଥିଲେ, ସେତେବେଳେ ଡୁଙ୍ଗୁରୁ ଓ ତା'ର ଝିଅ କଥା ବୁଝିବାକୁ ଆଗେଇ ଆସିଥିଲେ ମାଡ଼ାମ୍ ଓ ସାର୍ । ମାଡ଼ାମ୍ ଓ ସାର୍ ଙ୍କ ଭଳି ଲୋକଙ୍କ କଥା ଚର୍ଚାରେ ଆସିବା କଥା, ଯାହା ଫଳରେ ଅନେକ ଲୋକଙ୍କୁ ସେହିଭଳି ହେବାର ପ୍ରେରଣା ମିଳିବ ଓ ଦାଶ ବାବୁ, ସରକାରୀ ଡାକ୍ତର ଓ ପିଅନ ଭଳି ଲୋକଙ୍କୁ ଉଚିତ୍ ଦଣ୍ଡ ମିଳିବା ଦରକାର, ଯେଉଁମାନେ ସରକାରୀ ଚାକିରୀର ଦ୍ୱାହି ଦେଇ ସରକାରଙ୍କୁ ବଦନାମ କରିବାକୁ ପଛାଉ ନାହାନ୍ତି । ଶିକ୍ଷା ଓ ସ୍ୱାସ୍ଥ୍ୟ ହେଉଛି ଏପରି ଦୁଇ କ୍ଷେତ୍ର ଯାହାର ମାନ ସମସ୍ତଙ୍କ ଲାଗି ସମାନ ରହିବା

ଉଚିତ । ଗରିବ, ଆଦିବାସୀ ମାନଙ୍କ ଲାଗି ଉଦିଷ୍ଟ ଗୋଟିଏ ପ୍ରକାରର ସ୍କୁଲ୍ ଓ ସ୍ୱାସ୍ଥ୍ୟ ବ୍ୟବସ୍ଥା, ଓ ଧନୀ ଲୋକଙ୍କର ଅନ୍ୟ ଏକ ହେବା ଫଳରେ, ଭାରତ ଭଳି ଗଣତାନ୍ତ୍ରିକ ଦେଶରେ ଅସମାନତା ଦେଖା ଦେଉଛି, ଯାହାର ଫାଟ ଦିନକୁ ଦିନ ଏତେ ବଡ଼ ହୋଇ ଚାଲିବ ଯେ ତା ଭିତରେ ମଣିଷ, ମଣିଷପଣିଆ ଓ ମାନବିକତା ସବୁ ପଡ଼ି କ୍ଷୟ ହୋଇଯିବେ । ଏଇ କୁସୁମର ସଂଘର୍ଷ ଭରା ଜୀବନ ଗପ ଭଳି ଲାଗୁଥିଲେ ବି ସତ । ସେଇ କୁସୁମ, ଡୁଙ୍ଗୁରୁ ଓ ମହୁଲର ଅଗଣାର ହୋଇ ଥାଉ ବା ଆଉ କାହା ଅଗଣାର ହୋଇଥାଉ ନା କାହିଁକି, କୁସୁମ କେବଳ ଏକ ପରିବାରର କୁସୁମ ନୁହେଁ, ବରଂ ସିଏ ଭଗବାନଙ୍କ କୁସୁମ, ଗୋଟେ ଜାତି ଓ ଗୋଟେ ଦେଶର କୁସୁମ । ତା'ର ଯତ୍ନ ନେବା ଆମ ସମସ୍ତଙ୍କର ଗୁରୁଦାୟିତ୍ୱ ।

ଡ଼. **ଅନ୍ତର୍ଜିତା ନାୟକ**, ଜଣେ ଅର୍ଥନୀତି ଗବେଷିକା, ସମାଜ ବିଜ୍ଞାନୀ, ଲେଖିକା ଓ ସ୍ତମ୍ଭକାର ଭାବେ ସୁପରିଚିତ । ଓଡ଼ିଶାର ଜଣେ ଜଣାଶୁଣା ସ୍ତମ୍ଭକାର ଭାବରେ ବିଭିନ୍ନ ସାମାଜିକ ସମସ୍ୟା ଓ ସମାଧାନ ସମ୍ପର୍କିତ ତାଙ୍କର ଆଲେଖ୍ୟ ପ୍ରତିଷ୍ଠିତ ଓଡ଼ିଆ ଖବରକାଗଜରେ ସ୍ଥାନ ପାଇବା ସହିତ, ତାଙ୍କର ଲେଖା ପାଠକଙ୍କ ଦ୍ୱାରା ଖୁବ୍ ଆଦୃତ । ରେଭେନ୍ସା ବିଶ୍ୱବିଦ୍ୟାଳୟରୁ ଅର୍ଥନୀତିରେ ସ୍ନାତକ ଏବଂ ସ୍ନାତକୋତ୍ତର ଶିକ୍ଷା ସମାପ୍ତି ପରେ, ଜାତୀୟ ପ୍ରଯୁକ୍ତି ପ୍ରତିଷ୍ଠାନ, ରାଉରକେଲାରୁ ଅର୍ଥନୀତିରେ ପି.ଏଚ୍.ଡି. ଲାଭ କରିଛନ୍ତି, ଡ଼.ନାୟକ । ଜଣେ 'ICSSR Doctoral' ଏବଂ 'Post-Doctoral Fellow' ହିସାବରେ, ତାଙ୍କର ପ୍ରମୁଖ ଗବେଷଣା କ୍ଷେତ୍ରଗୁଡ଼ିକ ଆଦିବାସୀ ପିଲାଙ୍କ ଶିକ୍ଷା, ଆଦିବାସୀ ମହିଳାଙ୍କ ସ୍ୱାସ୍ଥ୍ୟ ତଥା ସେମାନଙ୍କର କୌଶଳ ବିକାଶ ଏବଂ ରୋଜଗାର, ଓ ଦାରିଦ୍ର୍ୟ ଏବଂ ବିକାଶ ଯୋଜନାରେ ଉପରେ ସନ୍ନିବେଶିତ । ସେ ତାଙ୍କର ଅନୁସନ୍ଧାନ ଭିତ୍ତିକ କାର୍ଯ୍ୟ ଅନେକ ଜାତୀୟ ତଥା ଅନ୍ତର୍ଜାତୀୟ ସମ୍ମିଳନୀରେ ଉପସ୍ଥାପନା କରିବା ସହିତ, ଗବେଷଣାମୂଳକ ପ୍ରବନ୍ଧମାନ ପତ୍ର ପତ୍ରିକାରେ ପ୍ରକାଶନ ମଧ୍ୟ କରିଛନ୍ତି । "Tribal School Dropout" ଉପରେ ତାଙ୍କର ଅନୁସନ୍ଧାନ କାର୍ଯ୍ୟ ପାଇଁ ତାଙ୍କୁ ୨୦୧୨ ମସିହାରେ "International Society for the Study of Behavioral Development" (ISSBD) ଦ୍ୱିବାର୍ଷିକ ସମ୍ମିଳନୀରେ ନିଜର ସନ୍ଦର୍ଭ ଉପସ୍ଥାପନ ନିମନ୍ତେ ସମ୍ମାନଜନକ ଅନୁଦାନ ପ୍ରଦାନ କରାଯାଇଛି ।

ଇଂରାଜୀରେ ତାଙ୍କର ପୁସ୍ତକ "Poverty: By Chance or By Choice", ମାନବ ମନୋବୃତ୍ତିର ଏକ ଗଭୀର ଅନୁଧ୍ୟାନ, ଯେଉଁଥିରେ 'ଗରୀବମାନେ କାହିଁକି ଗରୀବ' ଭଳି ପ୍ରଶ୍ନର ଉତ୍ତର ଲୁକ୍କାୟିତ । ଡ଼.ନାୟକ ଙ୍କର ପ୍ରଥମ ଓଡ଼ିଆ ପୁସ୍ତକ "ମନ କଥା" ଅନେକ ସାମାଜିକ ଓ ଅର୍ଥନୈତିକ ସମସ୍ୟା, ତାହାର କାରଣ ଓ ସମ୍ଭାବ୍ୟ ସମାଧାନ ଉପରେ ଆଧାରିତ । ତାଙ୍କର ଦ୍ୱିତୀୟ ଓଡ଼ିଆ ପୁସ୍ତକ "ପରୀକ୍ଷାର ପରୀକ୍ଷା", ଭାରତୀୟ ଶିକ୍ଷା ବ୍ୟବସ୍ଥା ଏବଂ ପରୀକ୍ଷା ପ୍ରକ୍ରିୟା ଉପରେ କେନ୍ଦ୍ରିତ, ଯାହା ପାଠକଙ୍କ ଦ୍ୱାରା ବେଶ୍ ଆଦୃତି ଲାଭ କରିଛି । ଏହା ବ୍ୟତୀତ ସେ ପିଲାମାନଙ୍କ ପାଇଁ ୯ଟି ପୁସ୍ତକ ମଧ୍ୟ ଲେଖିଛନ୍ତି, ଯାହା ବିକାଶ ଏବଂ ଶିକ୍ଷଣର ପ୍ରାଥମିକ ଅବଧିରେ ଶିଶୁର ବ୍ୟାବହାରିକ ଆବଶ୍ୟକତା ଉପରେ ଆଧାରିତ ।

ଡ଼.ନାୟକ, ଅଭିବ୍ୟକ୍ତି ରିସର୍ଚ ଏଣ୍ଡ ଡେଭେଲପମେଣ୍ଟ ଫାଉଣ୍ଡେସନ୍ (Abhibyakti Research and Development Foundation)ର ପ୍ରତିଷ୍ଠାତା ନିର୍ଦ୍ଦେଶିକା ହିସାବରେ ମହିଳା, ଶିଶୁ, ସ୍ୱାସ୍ଥ୍ୟ, ଶିକ୍ଷା ଏବଂ ପରିବେଶ ଜନିତ ସମସ୍ୟା ତଥା ସମାଧାନ ଦିଗରେ ଅନୁସନ୍ଧାନ କରିବା ସହିତ ଏକ ସ୍ଥାୟୀ ଅଭିବୃଦ୍ଧି ଏବଂ ବିକାଶର ଉତ୍ତମ ଲକ୍ଷ୍ୟ ରଖି ଅନେକ କାର୍ଯ୍ୟ କରିଚାଲିଛନ୍ତି ।

www.ingramcontent.com/pod-product-compliance
Lightning Source LLC
Chambersburg PA
CBHW061435160726
47995CB00003B/896